责任家长教育读本（一年级版）

梦想的翅膀

主　编　邵春荣　马路遥

编　委（按姓氏音序排列）

曹佳佳　陈　斌　何婷婷　蒋雪英　马路遥

邵春荣　孙　婷　孙文艳　舒启军　唐礼群

吴晓娟　王　倩　王　玮　汪　瑶　许姗姗

杨　娟　朱林芳　章　青

合肥工业大学出版社

HEFEI UNIVERSITY OF TECHNOLOGY PRESS

图书在版编目（CIP）数据

梦想的翅膀. 责任家长教育读本：一年级版 / 邵春荣，马路遥主编. —合肥：合肥工业大学出版社，2018.10（2019.10重印）

ISBN 978-7-5650-4190-7

Ⅰ. ①梦… Ⅱ. ①邵… ②马… Ⅲ. ①小学生-家庭教育 Ⅳ. ①G782

中国版本图书馆CIP数据核字（2018）第216056号

责任家长教育读本（一年级版）

梦想的翅膀

主　编	邵春荣　马路遥	责任编辑	陆向军　何恩情
出　版	合肥工业大学出版社	版　次	2018年10月第1版
地　址	合肥市屯溪路193号	印　次	2019年10月第2次印刷
邮　编	230009	开　本	889毫米×1194毫米　1/32
电　话	综合编辑部：0551-62903028	印　张	5.25
	市场营销部：0551-62903198	字　数	110千字
网　址	www.hfutpress.com.cn	发　行	全国新华书店
E-mail	hfutpress@163.com	印　刷	安徽联众印刷有限公司

ISBN 978-7-5650-4190-7　　　　　　　　定价：32.00元

如果有影响阅读的印装质量问题，请与出版社市场营销部联系调换。

序

　　合肥高新区高质量发展被国家列入"世界一流科技园区"建设行列，世界一流科技园区应当有世界一流的教育做支撑，为此，我们通过实施"名校战略"，强力推动高新区教育事业跨越赶超，助推高新区教育事业的腾飞。

　　在探索实施名校战略的过程中，合肥市梦园小学的老师们深入研究现代社会教育教学规律，不断创新教育方式方法，课堂教学精彩纷呈，一幅"传道授业解惑"的校园教育美景在蜀山脚下悄然而生。

　　多年来，老师们在扎实开展课堂教育的同时，十分注重学校与家庭的互动，深入探讨家庭教育对孩子成长不可或缺的作用。作为曾经当过老师也曾潜心致力于教育事业的我来说，关心教育，热爱教育，支持教育，非常希望在学校和家庭的共同努力下，在合肥高新区这个"养人的地方"，培养出各类世界一流人才。

　　拜读本系列图书后，我手不释卷，深感这是一套十分难得的指导家庭教育的家长育儿指南。本套书是梦园小学几位长期从事教育教学实践活动的教师的心得体会，他们从学校不能为而家长必须为的角度，介绍了作为学生家长需要配合学校开展的工作，相信各位家长阅后一定会受益匪浅。

宋道军

2018年10月

目录

第一篇 幼小衔接

第一课　过渡适应

　　升入小学一年级，是个体从幼儿转变成为儿童的标志。无论是生理方面还是心理方面，这个阶段对儿童的成长及影响都十分重要。对即将步入新校园的学生们而言，进入一个全新的陌生环境，多少都会有些恐惧。虽然与刚进入幼儿园时哇哇大哭的表现不同，但一年级新生对陌生环境的恐惧更加无声。

？想一想

作为一年级新生家长该如何帮助孩子尽快适应小学的学习生活呢？该配合学校和老师做些什么呢？

锦囊妙法

一、作息时间的适应

上了小学就要严格遵守学校时间安排，早上不能迟到，上课时不能自由活动。孩子对于这样的变化会有一定的压力，家长需要帮助孩子养成严格遵守学校规章制度、按时到校的习惯，为孩子积极适应新环境做好强有力的后盾。

二、学习内容和方式的变化

上了小学，学习有了任务，课后有作业，老师还会对孩子的学习情况进行评价和反馈等等。有的孩子面对学习中遇到的困难，会有些灰心丧气，这时家长需要向孩子讲道理，要让孩子明白每个人都是要学习知识的，学习不是一件简单的事，要有吃苦的准备。但学习中也有很多乐趣，掌握了知识就会成为一个受人尊敬的博学的人。

三、学习中会遇到困难

当孩子遇到学习困难的时候，家长应该多鼓励、多帮助，绝不能使孩子对学习失去兴趣。可以先降低要求，告诉他，你现在做得已经很好了，继续努力。发现孩子有一点进步就要大力表扬。为了帮助孩子学习，家长还可以在接孩子回家的路上和孩子聊天，问问他今天老师教了什么，这是一种很好的复习方法。

四、请家长配合老师和学校做到以下几点

1. 为了帮助孩子树立时间观念，为了保证精力充沛，晚上要让孩子早点睡觉，早上按时到校。

2. 孩子在家里完成作业时也应该注意培养他的学习习惯，不要边学边玩。可以以15～20分钟为一个学习时间段，在这段时间内只能专心做功课，不能三心二意。但同时家长要注意，不要一开学就逼着孩子加班加点学习，一年级最重要的任务是培养孩子的学习兴趣。

3. 每天阅读15～20分钟的课外书，养成好习惯。

4. 此外，刚上一年级的孩子对陌生的环境需要有一个适应过程，家长要鼓励孩子多帮助别人，多交朋友。

5. 平时多和老师沟通和联系，共同探讨孩子的情况。

♥温馨提示

孩子升入小学，已经不同于幼儿园。家长们每天不仅要接送孩子，还要关注孩子的作业和适应学校环境等情况，家长们多少也会产生忧虑的心理。而这种心理会潜移默化地迁移到孩子身上，使本来刚跨入小学心理上还没着落、无所适从的孩子更找不到依靠。因此，家长们可以建立班级QQ群、微信群，多参与学校组织的家长活动，尽快拉近与学校、老师之间的距离，消除家长心理上的恐惧感，从而形成家校合力，共同帮助孩子适应小学生活。♥

想一想

孩子升入一年级不适应，下面哪个选项不正确？（　　）

A.带孩子熟悉新的校园环境

B.鼓励孩子参加班级活动

C.告诉孩子，成为一名小学生是一件非常值得骄傲的事情

D.批评孩子

第二课　学习兴趣

　　不管是学习，还是做其他事情，要想学得好做得漂亮，很大一部分因素取决于对它的兴趣和爱好。如果幼儿园是孩子对学习的了解阶段，那么小学才是孩子开始认真学习的阶段，小学也是以后升入更高阶段学习的基础，因此，在小学阶段提高孩子的学习兴趣至关重要。

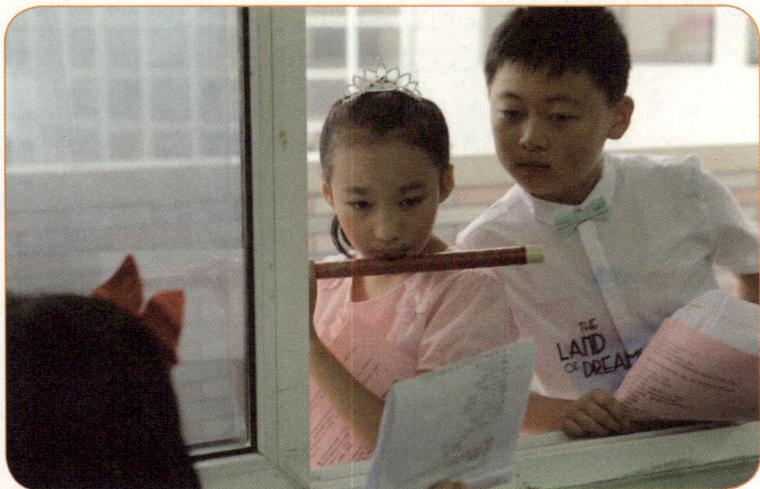

？想一想　有哪些好的办法可以提高孩子的学习兴趣呢？

锦囊妙**法**

一、兴趣暗示法

对那些不喜欢的科目，可以采用兴趣暗示法。比如对数学，在学习之前，首先进行热身运动，摩拳擦掌，面带笑容，看着数学，大声说："数学，从今天开始，我要喜欢你啦！""可爱的数学，我要对你产生兴趣了。""数学，我会满怀兴趣地学好你！"每次学习数学之前都大声暗示自己，坚持三个星期，甚至更长时间，这些语言就会深入潜意识。一旦进入潜意识，孩子对数学的兴趣就逐渐建立起来了。

当你摩拳擦掌、面带微笑进行自我暗示时，就会产生一种愉悦感，厌烦、恐惧的情绪都被冲散，心灵之门渐渐打开，要学的知识就容易吸收进来了。

二、增强自信法

事实上有些学生正是缺乏学好某门课的信心，产生了畏惧心理，丧失了兴趣，所以才没有学好。培养学习兴趣，可以从增强自信心入手，具体有如下步骤：①想象自己曾获得成功的事情，努力回味那种成就感，以获得对学习的兴趣。②令人愉快的事物总能激发兴趣，所以尽量想愉快的事情。如"我今天将再学会10个单词""今天我又学会了方程式的解法"，让自己知道今天超越昨天，树立起"每天多做一点，就是成功的开始"的信念。

三、弄假成真法

戴尔·卡耐基有句名言："假如你假装对工作感兴趣，那么这种态度会使兴趣变成真的，并且消除疲劳。"

这种经验可以应用在学习兴趣培养方面。如果你对某一门课或对学习不感兴趣，就可以训练自己假装对它感兴趣，并坚持下去，必定会有很好的效果。

四、兴趣迁移法

面对不喜欢的科目时，也可以运用这种兴趣迁移法，利用自己对其他科目的兴趣来带动不感兴趣的那些科目。

勤奋努力＋正确方法＋讲究效率＝成功。这就是爱因斯坦列出的著名的成功公式。他把勤奋看成是成功的首要因素，说明要取得任何形式的成功，都必须具备勤奋精神。培养勤奋精神，首先要培养自己的社会责任感，树立正确的人生观，明确学习目的，立志做一位社会的未来成功者。具体实施策略：

1. 在家庭教育中培养幼儿的学习兴趣

在家庭教育过程中，要多表扬，少批评。要善于发现每个孩子的优点。有些家长开口闭口就是"这么简单都不会，光知道玩"，本是恨铁不成钢，却不知好钢已在批评中钝化了，日久天长孩子总觉得自己很差，总有错，在学习中有压抑感，于是厌恶学习。如果孩子是真的做错了，当然要给予批评，让孩子明白大人为什么要批评他，让他明白道理。

2.家长要创造好的环境

在一个固定的环境里，不用担心孩子跑来跑去，孩子也会安下心来学习。要保证孩子在一个相对来说适应自己的环境下学习，动静结合。这就要从平时的细节做起，看看哪种环境适合自己的孩子。

3.多与孩子交谈

家长是孩子最好的老师，尤其是心灵上的。这就需要家长多花些时间和孩子在一起，即使再忙，也要抽出时间，和孩子一起出去玩玩，带孩子去吃好吃的，陪孩子一起看动画片，等等。不要看这些是细微的事，但孩子可以从中感受到家长的爱，就会自觉地有了学习的动力。

4.奖罚分明

给孩子制定一个学习的目标，每次作业就是一个验证。作业完成好了可以给适当的奖励，物质和精神相结合。如果完成不好，也要有适当的处罚，当然这里的处罚不是打也不是大声地斥责。可以叫孩子做家务，或者不给看动画片等。让孩子懂得要以学习为主，只有学习好了，才能够获得更多好的东西。

5.家长要多与老师沟通

孩子白天都是在学校度过的，最清楚他们情况的是老师。因此，要经常与老师沟通，交流孩子的状况，从而采取相应的方法，培养孩子的学习兴趣。

6. 增加家庭娱乐方式

学习也要适可而止，不宜时间过长。适当地抽时间和孩子打打球，到公园、游乐场去玩玩。劳逸结合，让孩子的体质增强，在玩的过程中学到新知识。

♥温馨提示

如何提高孩子的学习兴趣，作为家长要真正用心去观察，做个有心人，找到适合自己孩子的方法去教育他们，培养他们。要与孩子建立深厚的友谊，放下做家长的架子，与孩子成为好朋友，无所不谈，真正走进孩子的内心世界。

♥

想一想

孩子最好的老师是什么？（　　）

A. 重点学校的教师

B. 兴趣

C. 高价聘请的家庭教师

第三课　学习习惯

　　成功的教育从习惯养成开始。习惯是一个人存放在神经系统里的资本，一个人养成好的习惯，一辈子都用不完它的"利息"。习惯的力量是巨大的，人一旦养成一个习惯，就会不自觉地在这个轨道上运行。如果是好习惯，将会终生受益。学生时期是培养习惯的最佳时期，有一个公式：早期教育花一公斤的气力=后期教育花一吨的气力，说明了早期教育的重要性。

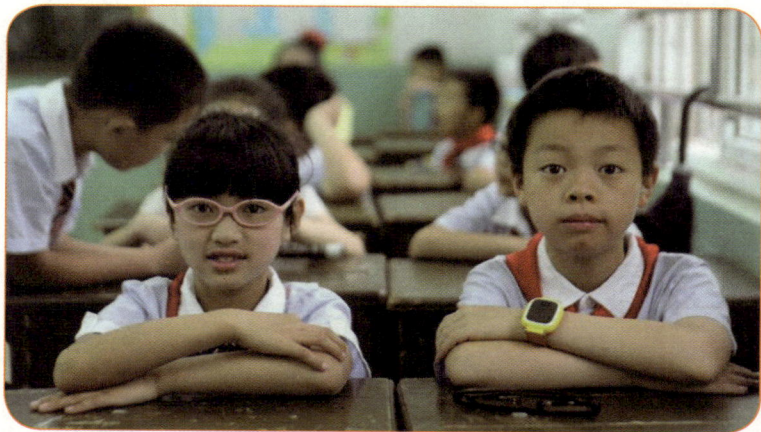

案例

　　几年前，当几十位诺贝尔奖得主聚会时，记者问其中一位获诺贝尔奖的科学家："请问您在哪所大学学到您认为最重要的东西？"这位科学家平静地说："在幼儿园。""您在幼儿园学到了什么？""学到把自己的东西分一半给伙伴，不是自己的东西不要拿，东西要放整齐，做错事要道歉，仔细地观察事物。"这位科学家出人意料的回答，直接说明了儿时养成的良好习惯对人的一生具有决定性的意义，当然，学习习惯的养成也是如此。

？想一想 怎样科学地引导孩子养成良好的习惯呢？

锦囊妙法

一、关注学习情绪

只有孩子在学校开心了，他才会喜欢学习，渐渐也就有了学习的兴趣，渐渐才善于学习。比如：每当孩子放学回来的时候，家长可以问问孩子："今天，你在学校开心吗？因为什么事情开心呢？"如果他不开心，你要询问他为何不开心，进而对孩子进行思想上的开导，让他变得快乐起来。孩子每天回去给父母讲讲自己在学校一天的学习、生活情况，说出自己开心与不开心的事情，让家长与孩子之间养成平等交流的习惯，便于家长及时了解孩子的思想状况，有利于对症下药。经常交流，养成习惯后，教育孩子的问题也就化难为易了；最怕的是孩子有什么事情跟谁都不说，出了什么事情，家长什么都不知道，后悔晚矣。

二、关注学习伙伴

朋友，是倾诉的对象；朋友，是进步的动力。学生更加需要朋友，家长要教会孩子如何在新的集体中交更多的好朋友。要了解你的孩子在学校有几个玩得好的伙伴，那些伙伴的学习、性格、为人等是怎样的；并且可以与这些伙伴的家长联系一下，这样你会更加了解自己孩子在学校的情况。就算孩子偶尔撒谎了，你很快就会知道的。你还可以从别的家长那里了解到教育孩子的好方法。

三、关注学习习惯

良好的学习习惯会使孩子受益终生。要培养一个好的习惯至少需要21天。家长要注意养成孩子良好的看书、读书、写字等学习方面的习惯；还要养成书写整洁、学习专注、用眼卫生、热爱劳动等行为方面的习惯。如：每天看书最少半个小时；读书要大声，有感情，眼睛离书本一尺远；握笔姿势正确，学习时不开小差；书写尽量做到不用橡皮擦；每天能帮家里做一点力所能及的家务活（扫地、抹饭桌、端碗等）。

四、关注作业完成情况

学生完成学校的作业就好比家长完成工作一样，养成良好的做作业习惯就显得非常重要。建议孩子一放学回家，先喝点水，吃点水果，就要开始做家庭作业了。做作业的时候，一个人单独在一个专门的书桌旁学习，不要打扰他。每学习半个小时左右，就休息10分钟。当孩子遇到不懂的问题时，家长千万不要马上回答他，要等作业做到最后，实在不会的时候，才去帮助他。不光是要让他养成思考的习惯，更重要的是要提高他的学习效率。如果他一会儿问："妈妈这个字怎么写啊？"一会儿又问："爸爸，这道题怎样做呢？"以后孩子做作业就会很慢，也不会独立去完成。不过，一年级有的题目中有孩子不认识的字，家长可以采取先把题目念完、孩子再做题的办法。

在入学的一个学期，或者一学年，甚至是两年，不同的孩子需要关注的时间是不同的。养成了良好的习惯，一切进入正轨的时候，家长就可以渐渐放手了。

♥温馨提示

　　孩子良好的学习习惯的养成不是一朝一夕的事情，需要孩子长期不懈的努力，需要家长耐心地配合，有意识地训练和强化。一旦养成良好的学习习惯，孩子就会发现，学习是件很轻松的事情。♥

想一想

下午放学回到家，我应该怎么做?（　　）

A.边看电视，边写作业

B.完成作业，再做其他事情

C.边吃东西，边写作业

D.边和妈妈聊天，边写作业

第四课　方法归纳

　　孩子刚入学就培养好的学习方法，有利于促进孩子的智力发展。一起上小学的孩子们都在同一起跑线上，智力差异不是太大，所以，学习的方法就显得很重要。

？想一想　家长如何帮助一年级新生掌握适合自己的学习方法？

锦囊妙法

一、计划先行

　　在整个小学阶段，每个学期都要开设几门课程，每周、每日学习的内容都不同，主要学科都要布置课外练习，如果没有学习计划，就会手忙脚乱，杂乱无章，影响学习效果。教师要让小学生明白制订学习计划的重要性，明确学习计划的内容，掌握制订学习计划的方法。

学习计划包括长期计划和短期计划两种。长期计划以一学期为宜，从总体上对各学科的学习做出全面的安排。短期计划以一周为宜，对每天的学习内容、学习目的、保障措施和作息时间做出详细具体的安排。

学习计划要具体、明确、切实可行，同时又要留有充分的余地，以保证计划的灵活性和适应性。在执行中既要坚定不移，又要根据实际适当调整，目的在于使学习计划更加切合实际，更为有效地提高学习效果。

二、预习要做

预习也叫超前学习，是指在教师上课之前，对所要学习的内容提前进行学习和理解的过程。预习既是有效的学习方法，也是良好的学习习惯。预习的方法是对第二天要学习的内容认真阅读，仔细思考，把新的知识和以往学过的知识联系起来，看看哪些懂了会了，哪些不懂不会，从而明确听课的重点、难点和疑点，克服课堂学习过程中的被动性和盲目性，提高主动性和自觉性，以利于提高学习效果。

三、听课技巧

课堂是学校教育的中心环节，是学生获得科学文化知识的主要途径。如果小学生不会听课，听不懂，学不会，就会增加课后练习的困难和压力，造成不良循环；同时，由于长期积累，可能会导致厌学心理，既不利于提高学习效果，也不利于学生的心理健康。为此，在课堂教学中，要引导小学生注意以下几点。

1. 认真听。要求小学生聚精会神地听讲，充分理解教师讲课的内容及其表达方式的含义，如节奏的快慢、声音的高低等。

2. 注意看。要求小学生全神贯注地注视教师板书的内容，对教师用彩色粉笔标记的部分、用电化教具突出演示的部分尤其要仔细观察，认真领会和重点记忆。

3. 多动脑。要引导小学生积极思考，要边听、边看、边思考，要与教师讲课的进程保持同步，要多问几个为什么，要把新旧知识联系起来思考，做到融会贯通，举一反三。

4. 主动练。在课堂上要鼓励小学生大胆发言，勤学多练，从而加深理解，提高听课效果。

5. 做笔记。对教师讲课中的要点、难点都要简明扼要地写在笔记本上，以备课后复习。

6. 善归纳。对教师课堂讲授的内容，要抓住纲目，归纳要点，力求当堂理解。

想一想

孩子在学校受了委屈，回家告诉家长。家长应（　　）

A、认为没关系

B、批评孩子事多

C、倾听孩子的诉说，表示理解，并引导他自己解决

第五课　陪伴学习

对孩子来说，6岁是一个重要阶段，孩子比较弱小，面对新的学习生活，最需要父母作为自己的支撑力量。而有的父母不懂得孩子的内心需要，以为给孩子送进好学校就万事大吉了。事实上，家长精神的支持比物质给予更重要。

家长信箱：陪孩子读书容易让孩子丧失独立性吗？还是应该给孩子独立空间？

案例解析

一个孩子从幼儿园到小学，生活会发生很多变化，其中最重要的变化是人生使命的变化。孩子在幼儿园里的任务是玩，上学的任务是学习。怎么学？怎么写作业？孩子并不知道，这就需要老师、父母的指导。尤其对于刚刚步入一年级的新生来说，至关重要。因此，一年级时，父母一定要陪着孩子学习。

？想一想　家长如何陪伴小学一年级的孩子学习？

锦囊妙法

一、有距离的陪伴

有的家长过于关注孩子，从始至终一直盯着孩子，孩子写字的一笔一画都要关注并指手画脚。这样非常不好，一方面让孩子紧张，另一方面不利于培养孩子独立。最好的办法是家长跟孩子在同一间房里，家长边做自己的事情边关注孩子的学习活动。

二、及时表扬鼓励孩子

家长要善于发现孩子的优点和进步，并给予及时的肯定与鼓励。

三、对孩子的问题不要急于给出答案

"授人以鱼不如授人以渔"同样适合辅导孩子做作业。孩子有问题寻求家长帮助的时候，家长最好引导孩子思考或者查找资料，让孩子通过自己的努力获得正确的答案，而不是直接给出问题的结果。

四、鼓励孩子回忆课堂上老师的教学内容

通过让学生充当小老师给家长上课的形式鼓励孩子回

忆老师上课的内容。一方面让孩子学会关注课堂，巩固白天所学的知识，另一方面锻炼孩子的胆量和表达能力。

五、委婉地指出孩子的不足

孩子还小，做作业过程中肯定有很多不尽如人意之处，做家长的切忌大声呵斥，或者严厉指责与打击。最好是在肯定孩子优点与进步的基础上指出孩子的不足，鼓励孩子精益求精。

六、多倾听

孩子在学校每天都看到、听到好多好多的事情，回家之后会迫不及待地跟家长分享。这个时候，家长要耐心地倾听，并通过某些问题让孩子抒发自己的感情，表达自己的观点。

七、养成亲子阅读习惯

孩子做完作业后，家长跟孩子一起或者各拿一本书，静静地阅读，享受读书的乐趣。

💛**温馨提示**

　　陪伴孩子学习要注意培养孩子的独立性和主动性，不要孩子稍有一点不懂就赶快详尽地解答。家长要有意识地鼓励孩子逐渐养成独立思考、主动钻研的好习惯。孩子独立钻研，独立完成了作业，应及时鼓励，增强孩子独立完成学习任务的信心，这样才能达到"陪伴是为了孩子独立、主动地学习"的目的，为今后孩子的自主学习打下良好的基础。💛

想一想

父母的威信来自哪里？（　　）
A.严格要求，说一不二
B.爱护孩子，要啥给啥
C.严与爱合理的结合

第六课　主动沟通

家庭是孩子的第一所学校，也是人生就读时间最长的一所学校。父母应是孩子的第一位老师，也是最重要的启蒙教师。父母对一个人的启蒙、成长、成才有着不可估量的作用。家庭教育不是学校教育的简单重复，而是与学校教育互为补充的一条重要途径。学校教育与家庭教育紧密相连、密不可分，家庭教育也需与学校教育有效合作，互动共赢。

今天，我们一起来探讨家校联系的意义、方法和途径，共同为提高家校联系的质量而努力。

？

想一想　　　　家校联系的意义？

一、有助于家长了解孩子在校表现

家校沟通能帮助家长了解孩子在校期间的行为习惯、学习习惯、学习成绩等，开展针对性教育。

二、家校联系有利于家长走出家教误区

有些家长认为：把孩子送到学校就把一切都交给老师了，自己只要给孩子吃好、穿好、住好就行，至于教育，那是老师的事。还有些家长存在把孩子当作比较的对象或者把学习成绩当成一切表现的指针等诸多教育误区。所以，教师可以通过交谈、讲座、书面联系、向家长推荐一些谈家教重要性的文章，并针对孩子的特点和实际问题，教给家长一些科学的、有效的家庭教育方法，要让家长正确了解自己孩子的性格、能力、爱好等，使他们认识到家庭教育的重要性，从而慢慢地担负起教育孩子的重任。

三、家校联系有助于教师了解学生的家庭教育环境

教师要想提高学校教育的效果，还要多了解学生的家庭情况，如家庭结构、父母职业、家长素养等，从而因材施教，提高教育效果。

四、有利于家校产生合力，为孩子创设良好的成长环境

学校和家庭好比两个"教育者"，两者"不仅要一致行动，要向儿童提出同样的要求，而且要志同道合，抱着一致的信念"。学校的教育往往是有目的、有计划的，而家庭教育却常常是非计划的，家长更多地通过情感和经济辅助的纽带对子女施加影响。有效的家校沟通能让家长了

解学校教育的方式、内容和要求，以便让家长能在对孩子的教育过程中，配合学校开展教育，保持与学校教育的一致性，使学生能更健康地成长。

　　每个老师都希望自己的学生很优秀，每个家长都希望自己的孩子很出色。当老师和家长的力量拧成一股绳的时候，一定会事半功倍的。

锦囊妙法

　　下面谈谈与老师进行沟通时的注意事项：

一、积极表现

　　家长要趁老师有空的时候，积极主动地与老师沟通。沟通的形式可以是面谈，也可以是电话，还可以通过便条、QQ等。这样可以留给老师一个好印象——认为你是个很关心孩子的家长，老师也会因此多关注一下你的孩子。值得一提的是：遇到老师向你打小报告的时候，如果是经常与老师沟通的家长，就不要觉得事情非常严重，因为这是老师认为你是个负责的家长，才会把孩子发生的小事也与你交流。如果不是经常与老师沟通的家长，那就要注意了，因为老师要等到事情有些严重时才会告诉你的。

二、态度真诚

配合老师的教育态度要真诚。家长与老师交流时要注意：不要表现出自己对老师反映的孩子情况无所谓；不要表现出对孩子的溺爱，对事情的纵容、包庇；也不要自己不行动，光说："我管不了他，这个事情就交给老师了。"老师听了会很反感的，因为教育孩子是家长和老师共同的事情。

三、内容真实

和老师交流的内容主要是孩子各方面的情况，包括学习能力、劳动习惯、兴趣特长、身体状况等，便于老师因材施教；要向老师了解学校的教育特色以及学校最近组织的一些大型活动。可以请老师根据孩子的具体情况帮助你决定孩子参加什么样的活动，什么样的兴趣班等。

四、次数适当

建议优秀学生的家长半个月交流一次，孩子有些小毛病的家长可以一周一次。时间不可以太长，尽量不要啰唆，说说孩子情况，发表双方的看法，一起决定下一步采取的措施。

♥温馨提示

　　教师与家长进行有效沟通能让家长了解学校教育的方式、内容和要求，以便使家长在对孩子的教育过程中，能配合学校开展教育，保持与学校教育的一致性，使学生能更健康地成长。♥

想一想

　　孩子提出问题，有些不好讲或讲了他也不理解，家长应（　　）。

A.想办法避开这个问题

B.随便应付或转移目标

C.告诉孩子每个人都会遇到问题，需要不断学习，才能找到答案

第七课　对待考试

考试分数重要还是学习能力重要？如何帮助一年级的孩子对待考试呢？

孩子人生当中刚开始的考试，我们应与孩子一起理性地对待，教会孩子一种态度。如果处理得好，无论考试本身的成绩如何，这些人生当中的第一次考试将成为孩子良好成长的契机。

家长对小学一年级的考试有三种态度：

1. 毫不重视，马虎对待

有一些家长并不重视小学一年级的考试，觉得一年级的课程那么简单，考得好与不好，都不能说明什么。这种态度使得孩子也不把考试当回事，可想而知以这种态度对待考试，结果一定不怎么理想。面对结果，这样的孩子很有可能还未引起重视，这种恶性循环，使得成绩一直不好，等到升入较高年级时，自己才开始重视考试，却发现已经太迟了。确实，一年级要求掌握的知识简单，考试的内容也不会很难，学生成绩的几分之差可能并不能反映他们的能力有多少差别。可是，"优秀是一种习惯"。当他习惯于不在乎考试、不在乎成绩时，他也会不在乎学习、不习惯上进了。所以，开始不重视以后再重视的思想对孩子的发展是极其有害的。

2. 过度重视，引发孩子考试焦虑

与上面一种学生相反，一些学生过度在意自己的考试成绩，认为每一次考试都是人生的关键，是老师形成印象的关键，想考出好成绩的动机十分强烈。而这些紧张的孩子往往并未能取得令他们满意的结果，得来的只是家长的失望。诚然，每一次考试是很重要，可是学生在学业生涯中还要经历无数次的考试，孩子的每一次考试都在他们的心底留下如此深刻的"阴影"，给孩子如此大的压力，他们如何能以正常的心态面对以后的种种考试呢？孩子过于紧张，动机太强的话，反而不利于水平的发挥，不容易取得好的成绩。

3. 不去分析原因，一味责怪孩子

由于这是孩子进入学校后的考试，他们之前并没有接触过这种正规形式的考试，每个孩子存在着很大的差异，这其中一些孩子会由于不适应考试形式，不习惯这种严肃的考场纪律，或是缺乏答题规则和技巧，使得他们的考试分数不高，而这并不是他们知识掌握得不好。这时候一些家长不去分析孩子分数低的原因，只是一味苛责孩子，甚至动手打孩子。这样不但不能使孩子在下次考试中有所进步，还会使他对学习丧失兴趣，自我效能感降低，甚至产生"我已经很努力了，但是就是考不好，我不是学习的料"的消极想法，由此自卑、被动，学习生活各个方面能力将全面下降。

锦囊妙法

针对以上现象，在小学一年级考试的问题上，给予一些建议：

1.家长应在考试前，与孩子进行一次谈话，告诉孩子考试的目的是对一学期学习如何的一种考核。例如"经过一段时间的学习，你要考试了，这是你检验这段时间学得怎么样的方式。你要好好复习，给自己一个满意的答案啊"。同时也要告诉孩子只要认真对待，认真复习即可，不用太过焦虑，以免引起孩子不必要的紧张情绪，以致影响考试。

2.在考试前，我们应教会孩子一些考试技巧，例如如何答题等。让孩子做一套模拟试题，帮助孩子一起分析，什么样的题应该怎么答等，这样可以显著提高孩子的应试成绩，避免由于不知怎么答题而考出不理想成绩。还可以在考前告诉孩子，考试是很严肃的事情，有老师监督，不讲话，要独立作答等，总之让孩子可以在考场上尽快适应这种从未应对过的环境。

3. 成绩出来时，要注意不能只看孩子的分数：考得好就一味表扬，尤其是不必要的物质奖励；考得不好就失望不满，甚至责怪打骂孩子。这样做的结果只能是让孩子骄傲、自满，或是自卑、压抑。对于考得不理想的孩子，家长和老师需要与孩子一起坐下来，耐心分析出错的原因。是粗心、掌握不好还是不会答题等。再根据原因，制订应对策略。需要注意的是，一定不可以打击孩子，要鼓励他，给他自信，相信他。

❤ **温馨提示**

如果你自己曾经对学习和分数产生过恐惧，那么你很有可能把这种焦虑转移到孩子身上。当你相信学习并不难，分数并不是唯一衡量成功的标准，可能焦虑会随之而散。

在幼儿阶段，如果家长和老师很少对孩子评价的话，孩子会处于一种懵懂的状态。孩子上小学了，哪怕他考试考得不是很好，一般也不会对分数很敏感。如果这个时候家长不焦虑，很放松，孩子一般就不会对分数敏感焦虑。 ❤

想一想　　当你的孩子考试成绩不理想时，你会怎么做？

第八课　以身作则

父母的言行对孩子有着强大的潜移默化作用。父母一定要以身作则，时时、处处、事事严格要求自己，为孩子树立人生的好榜样。

案例

有一次，柳杰跟妈妈一起上街，碰到了邻居刘叔叔，柳杰不仅没有对刘叔叔打招呼，甚至看也不看。刘叔叔招呼他，他只是勉强回答，十分没有礼貌。回家之后，妈妈把柳杰叫到身边，严厉地对他说："柳杰，妈妈发现你对刘叔叔讲话时，没有运用礼貌用语。我跟你说过多少次了，你就是记不住！"

柳杰顶嘴说："妈妈你不能怪我，虽然你总是教我要尊老爱幼，可你从来没有尊重过我奶奶！我都记得！"妈妈听了柳杰的话，刹那间脸红了。

案例解析

　　父母的言行是子女最好的教材，家庭是孩子的第一个课堂，父母是孩子的第一任老师。父母是孩子最初的模仿对象，孩子从父母那里学到的品质、人格、习惯和处世态度，对他一生的发展都会产生极大影响。

锦囊妙法

　　教育孩子就是做好榜样，就是父母以身作则，给孩子最好的示范。在给孩子做榜样时，我们也应该注意把握几个原则：

一、在生活中严格要求自己

　　在生活中，我们要时时严格要求自己。如果家长能够做到始终如一地严于律己，就会给孩子以耳濡目染、潜移默化的影响，也就会赢得孩子的信赖与尊敬。我们得体的言行就是一种实实在在的、巨大的教育力量，会在孩子的性格、思想品德和行为习惯上留下深刻的烙印。

二、父母要说到做到，言而有信

　　中国自古就有孟子的母亲用杀猪来兑现父亲对孩子的承诺。父母不让孩子玩手机，就要严格自律，自己不能玩手机；父母要求孩子多读书，首先就要自己有读书的习惯，给孩子创造读书的家庭氛围；父母答应孩子完成某项任务后给予奖励，就要兑现对孩子的承诺。父母只有以身作则、说话算数，才能在孩子面前树立威信，建立起信任的桥梁，孩子对家长提出的要求才能去愉快地接受，并按照要求去做。

三、要用发展的眼光看孩子

很多家长在教育孩子时，总是喜欢对孩子说："我们小时候，生活很艰苦，你们生活在蜜罐里还不知足。""我们小时候，不用家长督促，自己就知道学习，你们就知道贪玩。"……这些话语，家长说了等于没说，任何用处也没有。社会在发展，观念在改变，孩子对父母儿时的生活经历毫无认知，所以家长的这些话丝毫不能引起他们情感上的共鸣，教育效果也就可想而知。因此，家长也要不断学习新的家庭教育理论知识，更新教育理念，根据孩子的身心特点和社会的发展变化及时调整自己的教育方式和手段，以适应新形势的需要。

四、与孩子平等交流

孩子从出生那一刻起，就是一个独立的个体，他们有自己的思维意识。因此，家长要放下架子，学会与孩子平等交流沟通，去聆听孩子的心声，多站在孩子的角度去思考解决问题的办法。

♥温馨提示

"其身正，不令而行，其身不正，虽令不从。"家长要以身作则，用自己的言行潜移默化地影响孩子，培养孩子健康的人格、阳光的心态和良好的学习生活习惯，为孩子的健康成长创造一个宽松、和谐、温馨的家庭环境，真正实现和风细雨润沃土，良肥沃土育花棵。♥

想一想

在寒假和暑假期间，你是怎样安排你的孩子让他的生活更有意义和丰富多彩的？（如何安排孩子的假期生活？）

第二篇　习惯养成

第一课　生活常规

小学生常规教育内容

1. 进校　按时到校，不在路上停留、玩耍。开校门前不在门口喧哗、打闹。穿着整洁，佩戴整洁的红领巾。见到老师要说老师早、老师好，见到同学互相问好。

2. 升旗　升旗时，脱帽肃立，少先队员行队礼，敬礼姿势正确。唱国歌声音流畅、准确、响亮。

3. 做操　集合做到快、静、齐，精神饱满，做操动作到位、有力。做眼保健操要闭眼，穴位准确，按节奏做。

4. 上课　预备铃响，全体学生迅速进教室，在课桌上安放好学习用品。认真听讲，积极思考，踊跃发言。能质疑问难，声音响亮，讲普通话。不做与本课无关的事。读写姿势要端正，认真完成课堂作业，字迹清楚、端正，做完后认真检查，有错及时订正。

5. 下课　下课由老师宣布，在师生告别后方可有秩序地离开教室，不抢先、不奔跑，上下楼梯靠右边走，不争抢，不拥挤。

6. 课间　课间休息做到说话轻，走路轻，做有组织的课间活动，不在教室里、走廊、校园里追逐、奔跑打闹。爱护学校的花草树木及各种设备，不乱涂、乱刻桌椅。进办公室前向老师报告，允许后方可进门，不随便翻动教师用品。老师说话要注意听，用双手递交物品。

7. 放学　回家路上要遵守交通规则，放学后不得私自在学校逗留，不在马路上闲逛。认真完成家庭作业，既要正确，又要有速度，作业簿面要整洁。做一些力所能及的家务活，听从长辈的教育，做文明的小学生。

怎样培养学生良好的生活习惯？

一、9个学习好习惯

1. 提前预习   2. 专心听讲   3. 爱提问题

4. 及时改错   5. 查寻资料   6. 不磨蹭

7. 仔细审题   8. 勤于动笔   9. 认真书写

二、9个做人好习惯

1. 心态积极   2. 孝敬老人   3. 勤俭节约

4. 持之以恒   5. 充满自信   6. 守时惜时

7. 诚实可信   8. 不给别人添麻烦   9. 善待他人

三、9个礼貌好习惯

1. 进别人的房间要敲门   2. 使用礼貌用语

3. 用双手接递长辈的东西   4. 坐有坐相，站有站相

5. 礼貌待客   6. 不乱动别人的东西

7. 不随便打断别人的话   8. 在公共场所要安静

9. 见到熟人主动打招呼

四、9个卫生好习惯

1. 饭前便后洗手   2. 早晚刷牙   3. 每晚洗脚、洗袜子

4. 手脏了及时洗   5. 不随意席地而坐 6. 常换衣服常洗澡

7. 不随地吐痰   8. 不乱扔垃圾   9. 随手整理好用具和衣物

梦园小学一年级环保小卫士

梦园小学一年级学生少先队培训会

微课堂：小学生习惯养成（一）

很多大人并不懂得怎样跟小朋友聊天，他们跟小孩之间的对话永远都是："作业写完了没？""琴练了没？""考多少分？"

到底用什么魔法，可以让孩子愿意向我诉说？其实这些小技巧一点儿也不困难，你也可以做得到！

☆☆问"小"不问"大"

孩子跟大人不一样，他们很难理解抽象的问题，也很难回答。因此，想要了解孩子在学校的概况，要尽量避开"抽象""大范围"的问题。不妨改问一些简单的、一定有答案的问题，而且要从细节开始。不要问："你今天在学校过得如何？""你今天在学校做了什么？"这种问题，孩子很难回答，或是只会简单回答："还好。""没做什么！"这样会让聊天很难持续下去。

以前孩子刚上学时，我跟孩子聊天的开头常常是："今天的营养午餐(或点心)有哪些呀？""你们班上谁吃得最多？谁吃得慢？"

由一些生活小事打开话匣子比较容易，这些问题简单易懂，孩子通常都会争先恐后地回答，不会感觉到压力。

☆☆从别人的事谈起

从"别人谈起"是一个很好的聊天方法。比方说，孩子会告诉我班上谁吃饭吃得最慢、谁最常被罚、谁功课最棒、谁今天又打了谁等。当然，在聊天过程中，我们就能窥见他处于什么样的位置、对同学的行为有什么样的看法，然后了解孩子在我们看不见的时候，是用什么样的身心状态去处事。

☆☆不要"否定"，只要"同理"

大人跟孩子聊天，很容易发生的一个状况，就是大人常常喜欢否定孩子的感受。比方说，当女儿说："自然课无聊死了"的时候，我绝对不会接着说："自然课不无聊啊!天气、气象是一件很有趣的东西……"

只要你这么一说，这个话题就聊不下去了!因为当孩子觉得你并不认同他说的话时，他后面的话很容易就咽了回去。

比较好的方式是回答："喔，自然课很无聊啊，你可以告诉我是什么让你觉得很无聊吗?"

"因为我本来以为自然课可以做实验、看酒精灯之类的，结果都是坐在教室里上课!无聊死了!"

保持中立的语调、同理感受他的感受，往往可以让你知道孩子更多的想法，了解他的需求，进而帮助他解决困难。

☆☆注意肢体语言

适当的肢体语言，会让孩子觉得你重视他、认真想要和他聊天。除非是在开车的时候，否则我在和孩子聊天时，都尽量以平行的目光注视着他。如果孩子还小，那就蹲下来；如果是个大孩子，那就拉着他的手坐下来。

即使是手边在忙着叠衣服、洗碗，在跟孩子讲话时，也必须要时时转头看他的表情。因为注视别人、专心倾听，就表示你很在乎跟他说话。

孩子对于肢体语言很敏感，一边跟别人谈话一边敷衍地说着嗯、啊、喔；或是眼睛一边盯着手机一边听他说话，都不是鼓励他好好和你聊天的方式。如果我这样做，儿子一定会抗议："妈妈，你都没有在专心听！"

另外，大部分的孩子都喜欢亲密的接触：握握他的手，摸摸他的头，搂搂他的肩，搓搓他的颈背，顺顺他的头发，拍拍他的背，等等。通常，对有一定熟识度的孩子适当地使用一些肢体语言，会在聊天时收到正面的效果。

想一想

下列不属于自立表现的是（   ）。

A．不需要别人的督促，自觉学习

B．自己清理房间，协助妈妈做家务

C．遇到难题不思考，马上去问同学

D．管好自己的零用钱，正常消费

第二课　自理能力

　　美国儿科权威詹姆斯博士说过："依赖本身就是滋生懒惰，精神松懈，懒于独立思考，易为他人左右等弱点。"处处对孩子包办代替，这不是在爱孩子，而是在害孩子。由此可见，当前少年儿童生活自理能力的培养，无论是对他们的成长还是其对未来社会的适应，都有十分重要的意义。培养小学生的自制、自理能力，可以从以下几个方面着手：

一、对学生进行日常生活能力的训练

　　培养学生的生活自理能力，需要教师有目的、有计划地对学生进行日常生活能力的训练。为此，教师应该认真上好劳动技能课，让学生在游戏、实践中把书本中的一个个生活习惯的训练做到、做好。例如学生在学了穿裤子、穿衣服和叠被子后，教师可以结合教学，在班队活动中进行"生活自理大比赛"中队活动，让学生通过竞赛增强信心，并付诸日常生活中去。教师还要在课余发现学生细微的变化和微小的细节问题，及时给予帮助和指导，让他们能够自立地完成，如戴红领巾、系鞋带、翻正领子等。

二、争取家长的大力配合

培养学生的生活自理能力，需要学校与家长密切配合，让学生在学校学的知识能在家庭中得到延伸，因为家里才是学生施展"才能"的最好"阵地"。只有家长明白了这个道理，才能在家庭教育中注重对孩子这方面的培养教育。家长一定要放开手脚，不要对孩子的锻炼行为过多干涉，不要打击孩子的积极性，而使孩子形成心理惰性和依赖性格。学校还可以通过家访活动，利用家长来教育学生。家长让学生参与家务劳动，就是我们平常所说的让孩子做自己力所能及的家务事。当然，这样的家务劳动不是"全天候"的，而是定期、定项目的，并且可以和父母一起做，以不影响学习为准，目的在于培养孩子的生活技能、劳动精神和家庭观念。

三、转变孩子的思想

让小学生从思想上转变过来，改变他们在家依赖父母的思想。通过每周的班会课，渗透自制、自理方面的思想，教育他们平时要学会自己能做的事情自己做。如：整理自己的书包，保持个人的清洁卫生，勤洗手、洗头，家务的料理等。年龄较小一些的学生可能会做不好，训练的关键在于练习和尝试。

四、在活动中巩固良好习惯

通过主题班会，如"争当劳动小能手""在校做个好学生，在家做个好孩子"等主题，指导学生养成良好的自理习惯。对学生采取信赖态度，多鼓励少批评。要放手让学生自由行动，使其充分运用其智力能力，收获成功或者失败的感受。然后再给学生以鼓励，告诉学生在做这类事情时怎样才能达到成功的目标。

总之，"冰冻三尺非一日之寒"，小学生自制、自理能力的培养不是一两次教育就能奏效的，这是一个漫长的过程。学生还小，只要他自己能做，就要给他创造锻炼的机会，只有这样，培养小学生自理能力才能成为现实。

微课堂：小学生习惯养成（二）

忙碌了一天的工作，回到家，各位爸爸妈妈还要帮助孩子检查作业，辅导功课，但是在不知不觉中会发现，一直强调的问题，孩子还是频频出错，很是头疼。家长们是否想过，检查作业的方法是否得当呢？

不要盯着孩子写作业

有的家长喜欢盯着孩子写作业，一旦发现有问题，或字写错、写歪了，一边帮孩子涂擦，一边批评、埋怨、责怪孩子："怎么搞的，又做错了，总是改不掉。""说过多少遍，就是记不住，气死人了！"

其实，在这种紧张、焦虑的氛围中，孩子的学习兴趣和能量之门很难打开。这个时候，家长再怎么说教他都是听不进去、改不过来的。建议做法是：首先过问一下有多少家庭作业，然后叫孩子自己去做，父母轻手轻脚地做自己的事，不要打扰孩子。等他做完了，再按以下方法检查：

1.孩子低年级时，重点检查字迹是否写端正

做完作业时发现有不正确的地方，首先不要指出具体错误之处，而是说出大体范围，如"做得不错，但这个题有些不对，你再看看"。或在有问题的地方画上一个小圆圈，让孩子自己找出不正确的地方并改之。若孩子找出来了，就及时称赞和鼓励。

2.孩子读高年级时，重点检查孩子的做题思路

算式的列法是否正确，而计算的结果一般不检查由孩子自己确认。这样就能培养孩子对自己负责、认真仔细的学习品质。

第三课　学习任务

　　小学生作业负担过重，备受社会关注。作业负担过重的害处，人们已经谈得很多，但就过重的作业负担对全面落实《小学生日常行为规范》所造成的干扰来说，并没有过多介绍。

　　干扰包括：睡眠受到干扰。如果按每天早晨六点半起床计算，小学高年级学生应在晚间九点左右睡觉，中年级学生应在八点半左右睡觉，而低年级学生至少应在八点左右睡觉。

　　科学调查结果显示，包括午休时间在内，被调查的180名小学生中有132名睡眠时间不到10小时，占73％。统计表明，二年级、四年级、六年级睡眠不足的比率分别为64％、72％和100％。各年级半数以上学生都感到心理负担太重。调查显示，在各年级中半数以上的学生都存在心理负担过重的情况，年级越高心理负担越重。

年龄（岁）	睡眠时间（小时）	睡觉时间	起床时间
7	11	8：30	6：30
10	10	8：00	6：30
12	9～10	9：30	6：30

当孩子完成作业后，已无法按时休息。"放学按时回家"更是办不到。许多老师常常是课内时间还嫌不够用，又把课外时间"充分利用起来"，放学后总要把学生留下。小学生要按时完成作业，必须：

1. 制订自己的学习计划；

2. 分配好自己的学习时间；

3. 培养良好的学习习惯，提高学习效率。

微课堂：孩子注意力不集中怎么办？

孩子注意力不集中的七大表现

1. 波动型

情绪不稳定，考试发挥异常；非常依赖状态，能力发挥不稳定。

2. 分心型

走神、粗心和注意力分散，对不感兴趣的事容易走神，淘气、多动。

3.注意力不足型

对难的挑战难以集中注意力，成绩差不会解决难题。

4.紧张不安型

可发展成为：不安、叛逆、自闭、焦虑，大脑容易疲倦，想太多。

5.分心及注意力不足型

集中注意力时间短，深度不够，容易在外界干扰下分神。

6.分心及紧张不安型

思维容易游移，有压力大的潜质，大脑游移过快，用脑低效。

7.注意力不足紧张不安型

注意力深度不足，注意力往往来源于压力，很难长期集中。

爱哈博的小方法

1.为孩子营造安静、舒适的学习与生活环境。因为儿童多以无意注意为主，一切好奇、多变的事物都会很容易地分散他们的注意力，干扰他们正在进行的活动。所以安静舒适的学习环境对他们很重要。

2.充分利用孩子的好奇心，将孩子的兴趣与注意力的培养结合起来。

3.注意让孩子在学习中劳逸结合、张弛有度，这样才不会打压孩子学习的积极性。

4.可以从视觉、听觉、触觉三个方面对孩子进行感官灵敏度训练，进而提升注意力。

5.利用一些孩子感兴趣的小游戏来提升注意力。

梦小竹笛少年宫

第四课　关注情绪

人们认为"头脑"和"心灵"是组成人类精神世界的两大重要部分，"头脑"是认知的领域，它给人的行为以方向，"心灵"是情感的领域，它给人的活动以色彩。因为"心灵"世界的存在，以及有情绪、情感这样的"染色剂""催化剂"的存在，人类的生活才那么多姿多彩、有声有色。小学生情绪发展的一般特点是：

学龄前儿童在家庭教育的影响下，情绪情感也在不断地发展着，他们各种高级情感或社会性情感也在初步发展着。但是，在整个学龄前期，儿童由于经验和智力水平的局限，情绪丰富性、深刻性和稳定性都还很差，并且情绪的自我调控能力也很弱。进入小学后，生活环境的改变、认知能力的提高，使其情绪也得到了显著的发展。

一、情绪的稳定性逐步增强

儿童进入学校以后，在集体生活和独自学习活动的锻炼和影响下，控制、调节自己情绪的能力开始发展起来。虽然小学生的情绪仍然具有很大的冲动性，还不善于掩饰、控制自己的情绪，但他们的情绪已开始逐渐内化，小学高年级学生已逐渐能意识到自己的情绪表现以及随之可能产生的后果，情绪的稳定性和平衡性日益增强，冲动性和易变性逐渐消失。小学生尚未面临繁重的学习压力，因而其基本情绪状态是平静而愉快的。

上述的特点是与学龄前儿童的情绪比较而言的。一般来说，小学低年级学生的情绪仍还很不稳定，控制自己情绪的能力还很弱。表现为：第一，情绪经常变化和反复无常。一种刺激激起的情绪反应很快就会被另一种刺激引起的情绪反应所代替。第二，情绪的迅速转化。当出现新异刺激时，最初会产生强烈的情绪，但随着这类刺激的反复出现，情绪就会迅速减弱，甚至产生相反的情绪。

二、小学生情绪的丰富性不断扩展

对于小学生来讲，学习是他们的主导活动，因而大量与学习活动和学校生活有关的事物构成了小学生情绪的主要内容。完成各项学习任务如写作业、背诵课文等成为小学生最主要的需要。学习任务顺利完成，小学生就会迅速产生愉快的情绪情感体验，反之则会产生消极的情绪体验。小学生是在学校、班级这样的集体中学习和生活的，他们在集体中的地位以及与同伴之间的关系、老师之间的关系，学校、班集体对个人的要求和评价等，都会引起小学生复杂多样的情绪体验。

微课堂：幼小衔接重在四个过渡，家长你知道吗？

孩子进入小学不适应怎么办？幼小衔接究竟该怎么做？幼小衔接期的幼儿家长如何帮助孩子做好入学的准备？这是令众多学龄前儿童家长迷茫的问题，也是每一个5~6岁儿童入学前的重要工作。

幼小衔接是当前幼儿园教育和小学教育非无缝连接的

"黏合剂"，是儿童心理发展过程中的一个重要转折点。那么，如何帮助孩子幼儿园教育结束后顺利适应小学教育呢？

首先，家长需要了解两段教育的差异。

如下表所列，幼儿园教育和小学教育存在诸多差异，孩子在入学前需要有过渡性成长，否则入学后很难适应一年级的生活。

对比＼机构		幼儿园	小学
人员	幼儿	以玩为主	以学为主
	家长	包容、呵护、爱不够	标准、期待、共生
	老师	饮食、睡眠、冷暖、卫生	教学、发作业
教育	内容	综合主题	分科知识
	形式	游戏模式	授课学习
	互动	教养并重	以教为主
	评价	习惯与发展	考试与行为
	管理	老师陪伴	按规则自我管理
属性		非义务教育	义务教育

其次，幼小衔接重在四个过渡。

1. 心理过渡

幼小衔接期的孩子正处在第二个逆反期：自我感觉长大了，有自己的想法了，开始挑战家长的权威。如果家长不能"管住"孩子，以后孩子会更难管。同时，这一时期儿童的俄狄浦斯情结逐渐减退，开始认可同性家长，那么异性家长需要接受孩子的心理变化，并与孩子建立新的沟通"管道"。此外，孩子长到这个年龄之前，家长对孩子低幼时期的"包容""谅解"，使得孩子比较"自我中心"，一旦孩子进入小学，家长对长大了的孩子的态度略有不同，会让孩子无法接受。因此，在幼小衔接期，家长需要认真帮助孩子超越以自我为中心的心理。

2. 能力过渡

能力过渡主要包括生活自理能力、学习管理能力、安全防护能力和社会交往能力。进入小学后孩子不再像在幼儿园时期，吃喝拉撒老师全部照管。所以，在幼小衔接期，家长要培养孩子逐渐学会自我管理。

3. 习惯过渡

习惯过渡主要包括生活习惯、学习习惯、睡眠习惯和卫生习惯。在幼小衔接期，家长不仅需要陪伴孩子建立起良好的生活和学习习惯，睡眠习惯也尤为重要。好的睡眠能够提高孩子的注意力、记忆力和学习效率。入小学前，家长一定要帮助孩子形成按时睡眠和起床的固定时间表，千万别觉得自己周末需要放松一下，也就任孩子改变睡眠时间。这样一个周末的变奏，新的一周需要几天来调整并恢复原有的生物钟周期，痛苦的是孩子，而且还会降低孩子的控制力。

4. 知识过渡

知识过渡主要包括语言文字认知、数字数量基础和空间方面的知识。幼小衔接只需要知识概念的初步建立，并不是让孩子把一年级的知识提早学习一遍。三岁半后，孩子对语言的口头表达兴趣转向文字兴趣，因此，家长可以为孩子多提供绘本阅读时间，目的不是为了识字，而结果常常会是"无心插柳柳成荫"。这一时期的孩子对数量、归类有着浓厚的兴趣，家长可以在生活中帮助孩子建立"数量""分配"的概念，比如，从超市买回的物品、洗晒的衣物交给孩子进行"分类"等。同时，孩子会不厌其烦地对"空间"进行探索，如爬高、将物品垒高、拆卸物品等，这是孩子在探索和感知世界，不是淘气，请不要阻止。

第五课　学会合作

动物的互惠互助

你知道吗？动物之间不光有生存竞争，还有互惠互助呢。

蜜獾（huān）和导蜜鸟是一对好伙伴，它们常常相互合作，共同捣毁蜂巢。

野蜂常把巢筑在高高的树上，蜜獾不容易找到它。目光敏锐的导蜜鸟发现了树上的蜂巢后，便去寻找蜜獾。为了引起蜜獾的注意，导蜜鸟往往扇动着翅膀，做出特殊的动作，并发出"嗒嗒"的声音，蜜獾得到信号，便匆匆赶来，爬上树去，咬碎蜂巢，赶走野蜂，吃掉蜂蜜。导蜜鸟站在一旁，等蜜獾美餐一顿后，再去独自享用蜂房里的蜂蜡。

现在的小学生多为独生子女，在家是"小公主""小皇帝"，他们习惯于被照顾、被包容，以自我为中心。当他们脱离父母，生活在学校这样的集体环境中，虽然能够彰显个性、不断创新，但经常出现不能与他人和谐相处，遇事斤斤计较，相互推卸责任，不能欣赏他人优点等现象。现代社会是张扬个性的时代，但在使小学生认识到自己创新能力重要性的同时，也应该使他们体会到团队精神的重要。

一、培养小学生的合作学习能力

1. 勇于交流。由于不少学生存在着害怕出错的心理，在合作交流时往往只是个别同学唱主角，多数学生只是凑热闹，教师应尽量鼓励学生勇于交流，积极参与，乐于合作。

2. 乐于倾听。合作交流中应培养学生互相尊重，乐于倾听，有序地参与合作交流，避免出现你争我抢的失控场面。

3. 敢于质疑。引导学生合作交流，不注意正确的方法，就会出现人云亦云、少数人参与、多数人旁观的现象。因此，要不断地培养学生敢于质疑的品质，在交流中敢于提出不同的问题，提高交流质量。

二、科学设计，合理组织学习小组

1. 认真组建。每小组的人数要适当，要根据学生的知识基础、兴趣爱好、学习能力、心理素质等方面分组。各组间应无明显差异，力求均衡，便于公平竞争。这样学习小组的编排方式能够保证不同水平、不同性别、不同兴趣爱好的人共同分享、取长补短。

2. 小组人员明确分工。

三、选择恰当的时机，组织合作交流

1. 不能独立解决或完成时，开展合作交流

教学中，往往会遇到学生不能独立解答的问题，这时组织学生合作交流，不仅能激发学生强烈的求知欲，更能促使他们感受个人与集体的关系，从而产生个体学习的动力。

2. 在教学重难点处，组织合作交流

3. 问题解决需要考虑多种因素时，组织合作交流

有时由于学生个人认识问题的局限性，仅靠一个学生往往回答不全面，这时也可以采取小组合作学习的形式，让组

内的几个成员发表意见，通过有意义的协商和共享，并不断从别人的发言中受到启发，从而对问题认识更加全面。

4.可能出现多种想法时，组织合作交流

新教材的学习内容，为学生提供了更广阔的学习空间和思维领域，对于一些开放型的学习内容，最好通过合作交流来实现对知识的探究。

四、师生合作与生生合作并重

梦园小学合唱节

微课堂：如何教育孩子养成好的学习习惯?

第一包括：按计划学习的习惯。学生的主要任务是学习，同时还有劳动、文娱活动、体育活动、交往等方面的内容。学生应该有一个比较全面的学习计划，并且应该有按计划进行学习的习惯。计划可以调整，但不可放弃。计划应该包括每天的时间安排、考试复习安排和双休日、寒暑假安排。计划要简明，什么时间干什么，达到什么要求等，这样的学习就会有的放矢。

第二包括：专时专用、讲求效益的习惯。有些同学，学习"磨（洋工）"磨得厉害，平时看书写作业，心不在焉，时间耗得多，效率不高。其原因就是没有形成专时专用、讲求效益的习惯。

学习，应该速度、质量并重，在规定时间内，按要求完成一定数量的任务。这个道理大家都明白，但真正要做到，并不是一件容易的事。同学们应该记住，一旦你坐到书桌前，就应该进入适度紧张的学习状态。每次学习之后，要评价自己做得如何，必要时要得到老师及家长的督促。坚持下去，就能形成专时专用的好习惯，做到该学时学，该玩时玩。

第三包括：独立钻研、善于思考的习惯。学习，最忌讳一知半解。要想学习好，必须养成独立钻研、善于思考、务求甚解的习惯。应该学会站在系统的高度把握知识。很多学生在学习中习惯于跟着老师一节一节地走，一章一章地学，不太注意章节与学科整体系统之间的关系，只见树木，不见森林。

随着时间的推移，所学知识不断增加，就会感到内容繁杂、头绪不清，记忆负担加重。事实上，任何一门学科都有自身的知识结构系统，从整体上把握知识，学习每一部分内容都要弄清其在整体系统中的位置，这样做往往使所学知识更容易把握。

第六课　文明礼仪

　　文明礼仪是什么？文明礼仪是路上相遇时的微笑；是同学有困难时的热情帮助；是平时与人相处时的亲切；是见到师长时的问早问好；是不小心撞到对方时的一声"对不起"；是自觉将垃圾放入垃圾箱的举动；是看到有人随地吐痰时的主动制止……文明礼仪是一种品质，文明是一种修养，文明是一种受人尊敬并被大家广泛推崇的行为。下面，让我们一起牢记一首歌谣吧：

文明礼貌

学习争先虽重要，　文明礼貌也要好。
学校规定都遵守，　见到老师有礼貌。
同学之间相友爱，　友谊小手牵得牢。
爱护公物放心上，　树立新风我做到！

小学生文明礼仪常识

一、在学校的礼仪常识

1.形象礼仪

（1）着装要整洁、朴素大方，扣齐纽扣或拉好拉链，整理好衣领。升、降旗仪式、集会活动按要求穿规定的校服。

（2）不穿背心、拖鞋、裤衩在校园行走和进入教室。不佩戴项链、耳环（针）、戒指、手链、手镯等饰物。

（3）按要求系好红领巾：先把红领巾折四折，置于衣领内，红领巾的三角尖对正脊骨，打好领结，翻下衣领。夏天天气炎热时可于左胸前佩戴队徽。

（4）每天早晚必须刷牙、洗脸，保持面部干净。

（5）不留长指甲，不涂指甲油。指甲内保持无污垢，饭前便后要洗手。

2.课堂礼仪

（1）预备铃响起，应迅速回教室入座，静候老师。老师进教室，值日生喊"起立"，全班同学立正后向老师问好，老师回应后再坐下。起坐做到桌椅无声响。

（2）上课时，如有特殊情况晚到班级，应于教室后门口站定，经老师示意进入后方可回座位。

（3）注意读写姿势，做到：胸离桌一拳，眼离书一尺，手离笔尖一寸。

（4）课堂上，各种物品要轻拿轻放。应全神贯注地听讲，积极思考问题并举手发言，不做与课堂无关的事。

（5）别人发言时，认真倾听，不随便打断别人的讲话，不取笑他人。要通过真诚的眼神和表情给发言者以鼓励。

（6）课堂小组活动时，要有全局意识，听从组长安排，分工协作，积极与伙伴沟通，完成分内任务的同时兼顾组内伙伴，共同赢得团队的成功。

（7）上课时，如遇到同学身体不适等突发事情，不要围观或表现出厌恶情绪。要主动关心同学，听从老师安排，协助老师妥善处理。

3. 活动礼仪

（1）课间活动时，不大声喧哗，不追逐打闹，积极参加有益身心健康的各种文体活动。遵守游戏规则，爱护游戏伙伴。

（2）集体外出活动要服从管理。同学间要相互谦让，主动关心和照顾好体弱的同学。分组活动时，要服从大家的共同意愿，遵守时间，不单独行动。

（3）参加竞赛活动时，遵守比赛规则，尊重竞争对手，不故意伤害对方，对对方的冒犯或过失宽宏大量。遇到有争议的问题，要按照程序向有关人员提出，心平气和地进行沟通。

（4）观看比赛，做文明啦啦队员，不喝倒彩。不为己方的胜利而得意忘形，不讽刺挖苦失利者。真诚地为赛场上的每一位选手喝彩。

（5）积极参加综合实践、社区服务与社会调查等活动，遵守交通规则，遵守社会公德，说话、提问有礼貌，举止大方，彬彬有礼。

（6）出入教室、会场等活动场所时，要轻声慢步，有秩序按指定路线行走，不拥挤，不抢道。

4. 升旗礼仪

（1）立正站立，行注目礼。

（2）认真听国旗下讲话。

（3）唱国歌时要严肃，声音要洪亮。

梦园小学一年级环保小卫士

微课堂：小学生家长须知的家庭教育方法和方式

一、树立榜样

榜样是以别人的好思想、好行为来影响和教育子女的重要方式。如同学、邻居、教师、英雄模范人物、文艺作品中的正面人物、革命领袖的优秀品质，都是子女学习、模仿的对象。不管家长的言行是错误的还是正确的，对子女都有十分深刻的影响。因此，家长在日常生活中应时时刻刻、处处检点自己的言行。

二、环境熏陶

家长要有意识地创造良好的生活环境，使子女受到感染和熏陶。家庭是子女生活的主要场所，家长要组织好生活，处理好成员之间的关系，坚持正确的道德行为准则，形成团结和睦的家庭气氛，建立井井有条的生活秩序，以陶冶子女的美好情操。

三、说服教育

说服教育的具体做法：一是谈话，家长根据子女的思想实际，摆事实，讲道理，使子女明白一定的道理。谈话要有针对性、灵活性，态度要和气，不要板着面孔，居高临下地训斥、挖苦。二是讨论，家长与子女共同讨论。讨论时要尊重孩子，耐心倾听其意见，有不正确的观点，也要耐心地讲道理，使子女明辨是非。家长观点不正确时也要勇于承认。

四、实际锻炼

实际锻炼的内容相当广泛，如适应周围环境，锻炼身体，生活自理，家务劳动，独立作业，文明礼貌，社会交际，等等。进行实际锻炼，首先要让孩子明确目的和意义（为什么），提出具体要求（怎样做），鼓励他们克服困难，坚持到底。锻炼内容要适合孩子的年龄特征和个性特征，从他们的实际能力出发，交给的任务和提出的要求必须适当。要允许孩子在实践中有失误，不可过分苛求。家长不能因怕孩子吃苦而中途停止锻炼。

五、表扬奖励

表扬奖励是对子女的思想行为给予肯定和好评。通过肯定和好评，以加强子女的进取心和荣誉感，争取更大的进步。表扬奖励要实事求是，要及时，要说明原因，并且应以精神奖赏为主，物质奖赏为辅。

六、批评惩罚

批评和惩罚都是对子女不良思想行为的否定，不过后者是对严重不良思想行为的一种教育手段。批评惩罚时，要全面了解情况，掌握不良思想行为的具体情节和严重程度，从错误的实际出发，批评是指出危害、思想根源，否定其思想行为，使之感到羞愧和痛楚，进而产生改正错误的动力。批评时不要讽刺，不要奚落，不要谩骂。惩罚主要是剥夺某种权利，而不是体罚，不是侮辱人格和摧残身心。

七、指导安排生活秩序

良好的生活秩序是培养子女良好习惯的有效方法。指导子女安排生活起居，布置好生活环境，教给子女学习安排和利用时间，使之有条不紊。要让孩子自己安排，家长可以在旁指点。

八、指导课外阅读

指导子女阅读书报杂志，从中吸取有益的精神营养。家长要掌握子女阅读的内容，和子女一起讨论，引导子女通过阅读增长知识，开阔眼界，陶冶情操。

九、利用家庭电视、网络

电视、网络进入家庭，子女可以从看电视中得到许多知识，增长见识，要充分利用。但是要注意：不能没有选择，不要看电视时间过长。看完电视最好和子女谈论、讨论电视内容。

十、带领子女外出接触社会

带领孩子到公园、风景区、商店、工厂、农村去，或者去访问同学、亲友，进行社会交往，使之开阔眼界，接触社会，认识社会。

第七课　理财观念

　　理财能力是现代社会每一个人都必须具备的基本素质，因为它直接关系到一个人一生中的发展和幸福。在以经济建设为中心的今天，理财能力的重要性就显得更加突出了。但纵观历史或正视当代，我国的理财教育还相当落后，尤其在少儿理财教育方面，可以说还是空白。

教孩子理财的方法，你知道几个？

　　如今，压岁钱也坐地起价，孩子收到的不是一笔小数目，如何处理就成了个问题。小一点的孩子，家长还能代管，但也得仔细考虑如何处置。

　　大一点的孩子，爸妈就发愁了：如果把压岁钱交给孩子，家长担心他们还没有自控能力，会胡乱花掉；由家长保管又担心孩子不乐意，这可怎么办呢？

孩子多大时，压岁钱需要家长代管？

　　学龄前的孩子，主要是让其学习有关金钱的概念，此时孩子还不具备理财的能力，因此钱需要由家长代为管理。

如果孩子不愿意上交压岁钱怎么办?

很多孩子并不知道为什么过年会给压岁钱，甚至认为是自己"挣来的"，是长辈们应该给的。因此，父母可以告诉孩子，压岁钱是长辈对孩子的爱和祝福的表达，让孩子懂得压岁钱的文化内涵和社会交往的礼尚往来，又知道钱来之不易。在此基础上，和孩子讨论如何运用这笔钱，效果会好些。

孩子多大时，可以让他参与压岁钱管理?

对于小学一年级以上的孩子，他们已经具备了一定的独立消费能力。父母把压岁钱完全"充公"容易让孩子内心产生抗拒，孩子也失去了学习独立支配金钱的机会，同时对"过年"的快乐体会也会大打折扣。甚至，还有的孩子在开学后会因此在同学面前产生自卑感。对于这样年龄段的孩子，父母让其理解压岁钱真正意义的同时，还应该和孩子商量一下压岁钱分配的比例，比如多少由父母来保管，多少由孩子自己去支配，还可以建议孩子把自留的压岁钱花在什么地方。

如何从压岁钱开始教孩子理财?

1. 训练孩子有计划地使用钱

这个计划最好是在给钱的时候制订，家长只提出原则，具体内容则由孩子全权负责，家长不

直接干预，但要监督、检查。

2.给孩子钱的数额应当把握在孩子有能力支配的范围之内

压岁钱太多超出孩子平时零用的数额，父母应建议孩子把钱存入银行，或者购买必需的大件物品，并依据孩子的年龄及其消费预算留下一部分当零花钱。

3.可带孩子购物，示范明智消费

父母给孩子买东西，可带孩子一起去，通过货比三家，教会孩子买到物美价廉的东西，让他们在自己支配零花钱时更加节俭。

4.可进行模拟成人生活开支的训练

让年纪大些的孩子为自己买日用品，为家里买菜、交电话费等。家长还可以翻开账簿，告诉他家中的钱是怎么花的，以帮助孩子了解该如何掌管家庭的"财政"。

压岁钱可分着放进三个"储蓄罐"

告诉孩子，压岁钱可以分成三个储蓄罐来存放：

【第一个罐子"需要"】

建议用透明的，让孩子看得到里面的钱，用于生活中常用的如学习用品、生活用品的购买。

【第二个罐子"梦想目标"】

起初设置偏低点，如孩子想要的玩具等。这部分金额可占压岁钱总数50%以上，可存进银行。

【第三个罐子"投资账户"】

这部分钱可分为两部分：一是存进银行，二是请父母代购理财产品，如股票、基金、少儿保险等，父母最好不要轻易挪用这笔钱，并保证孩子的知情权。

用压岁钱培养孩子的孝心、爱心

家长用压岁钱建立一个"爱心小屋"，告诉孩子这些钱是长辈爱心和祝福的体现，除了自己使用外，还可以买一些礼物送给长辈，表示对长辈的孝敬和热爱。当社会和有困难的人需要时，也可以拿出来作为爱心捐助。总之，教育应该从小抓起，教会孩子理财也是一门学问。

微课堂：小学生常考的古诗词，快和孩子一起来答一答！

按诗词内容，在括号里填上合适的地名。

1. 山外青山楼外楼，（　　）歌舞几时休？
2. 故人西辞（　　）楼，烟花三月下（　　）。
3. 朝辞白帝彩云间，千里（　　）一日还。
4. （　　）水深千尺，不及汪伦送我情。
5. （　　）远上白云间，一片孤城万仞山。
6. 但使（　　）飞将在，不教胡马度（　　）。
7. 劝君更尽一杯酒，西出（　　）无故人。

8.孤帆远影碧空尽，唯见（　　）天际流。

9.青海长云暗雪山，孤城遥望（　　）。

10.晓看红湿处，花重（　　　　　　）。

11.（　　）外寒山寺，夜半钟声到客船。

12.借问酒家何处有，牧童遥指（　　）。

13.（　　）朝雨邑轻尘，客舍青青柳色新。

参考答案：

1.山外青山楼外楼，（西湖）歌舞几时休？

2.故人西辞（黄鹤）楼，烟花三月下（扬州）。

3.朝辞白帝彩云间，千里（江陵）一日还。

4.（桃花潭）水深千尺，不及汪伦送我情。

5.（黄河）远上白云间，一片孤城万仞山。

6.但使（龙城）飞将在，不教胡马度（阴山）。

7.劝君更尽一杯酒，西出（阳关）无故人。

8.孤帆远影碧空尽，唯见（长江）天际流。

9.青海长云暗雪山，孤城遥望（玉门关）。

10.晓看红湿处，花重（锦官城）。

11.（姑苏城）外寒山寺，夜半钟声到客船。

12.借问酒家何处有，牧童遥指（杏花村）。

13.（渭城）朝雨邑轻尘，客舍青青柳色新。

第八课 热爱集体

国家的稳定团结，是社会进步和发展的条件。同理，班集体的凝聚力如何，直接影响我们的发展。"聚沙成堆""小河汇成大海"揭示了个体和集体的辩证关系。我们身处一个班集体，每一个同学都是班里的一分子，每个人都应该为班级的成长出一分力。我们常说"班级要拧成一股绳"，这"绳"呀，就是班集体，而"绳"是由一小根一小根细丝拧成的，这一小根一小根细丝就是每个同学。一小根细丝很容易拉断，但你把它们拧成一股丝就难以拉断。因此我们要同心协力，不要各扫门前雪。

梦园小学二（2）班

梦园小学二（4）班

梦园小学二（6）班举行的义卖活动

如何培养孩子的集体荣誉感？

1.树立集体主义意识，培养集体荣誉感

集体荣誉感是一种无形且有效的约束力量，在班级里，谁做了有损于集体荣誉的事，谁就会受到集体舆论的谴责，从而使每一位学生感受到：做了损害集体荣誉的事是一种耻辱。这就促使他们为维护集体利益，服从集体需要，去努力弥补自己的弱点或缺点。

2.采取多表扬、多鼓励的方法，使学生树立集体荣誉感

集体荣誉感是一种巨大的激励力量。谁能为集体做好事，能为集体争光，谁就会得到同学们的尊敬和佩服。

3.抓住学生闪光点，教育学生为班集体争光，力求争先创优夺第一

一个奋发向上、团结友爱的班集体，能充分激发每个学生内心的集体荣誉感。学生有了强烈的集体荣誉感，就会时时努力，为班集体争夺荣誉。

微课堂：小学生学习习惯养成（三）

学习习惯养成十条

1. 学会倾听的习惯（①上课不做小动作，不玩玩具及学习用品，不做与学习无关的事。②认真倾听其他同学发言，看他们发言是否正确，有没有需要补充的。③要倾听老师讲解，并按要求认真练习。）

2. 善于思考的习惯（①上课专心听讲，认真思考，积极发言。②善于发现，大胆发表自己的见解，对不懂的问题要主动向教师请教。③课前预习知识，不明白的问题提前做好标记。）

3. 敢于提问的习惯（①勤于思考，敢于质疑，与人交流，不怕说错。②发言时，站得直，口齿清，讲普通话，声音要洪亮。）

4. 与人合作的习惯（①主动和同学、老师合作，学会表达自己的观点和见解，共同解决问题。②与同学交流时，要尊重别人的意见和观点。）

5. 自主读书的习惯（①养成边读边想、圈点勾画、写读书笔记的良好习惯，注重知识的积累。②乐于读书，愿意和书交朋友，养成阅读的好习惯。③不阅读不健康书籍，不看不健康光盘，不浏览不健康网站。④爱护书籍，不在公用书籍上乱写乱画。）

6. 认真书写的习惯（①读写姿势端正，会正确执笔，做到"三个一"——眼离书本一尺，胸离桌子一拳头，执笔处离笔尖一寸。②书写端正大方，保持卷面洁净，不乱用涂改液和修正纸。文字和符号都要规范，格式要美观。）

7. 自评互评的习惯（在学习过程中，要逐渐让学生成为评价的主体，让学生学会激励性的评价，既会评价自己，又会评价别人。）

8. 搜集资料的习惯（①能利用查阅图书、上网浏览、实地考察、走访调查等渠道主动搜集与学习相关的材料，拓宽自己的知识面。②对搜集的各种资料能进行分析、归类和整合。）

9. 动手操作的习惯（学生能独立完成教科书上所要求的各类操作实验，操作步骤正确。）

10. 按时完成作业的习惯（①能复习巩固当天所学的知识，认真完成并细心检查作业。②注意运用所学知识解决实际问题，培养自己的各种能力。）

第三篇	**个性品质**

第一课　诚实守信

案例

　　张女士有一个刚上小学一年级的儿子，儿子学习成绩不算优秀但乖巧懂事。可上了一年级后，张女士发现儿子越来越贪玩，每天放学回家就盯住电视不放，让他去写作业，儿子说老师布置的作业少，他已经在学校做完了。对此张女士虽半信半疑，由于自己工作太忙也没有找老师核实。直到儿子的班主任打来电话后，他们夫妻俩才知道真相：儿子学习成绩下降得很快，经常不交作业，老师曾通知他们去学校，儿子却对此避而不谈。张女士最后无奈地说："儿子屡次说谎，我们很着急，除了担心他的学习成绩下降，更担心他说谎变坏了。"

案例解析

在现实生活中常常有这样的事例，孩子说今天在学校挨了批评或者考试不及格，父母往往是劈头盖脸一通严厉的批评，甚至体罚孩子，而说谎却常常能使孩子逃过责难。这样一来，孩子逐渐体会到说真话会受到惩罚，不说真话倒能平安无事，甚至还可以赢得父母的赞赏。如果下次考试成绩不好或犯了什么错误时，孩子就会想尽办法隐瞒过去，以逃避惩罚。本案例中张女士对儿子说谎一筹莫展的现象是很多家长都曾有过的，孩子撒谎是一种比较常见的现象，也是一个应该引起家长警惕的问题。孩子出于

某种原因，如怕责备、挨打，为博得家长的欢心，撒谎是常见的。因此，家长正确的做法应该是，当孩子第一次告诉你他在外面闯了什么祸或学习成绩不好时，家长首先要表扬孩子的诚实，然后帮助孩子分析为什么会出错，一同找出解决问题的办法来。这样孩子以后就不怕对家长讲实话，有了困难也愿意求助于家长。

锦囊妙法

孩子说谎的原因很多，要具体情况具体分析。在实际生活中，家长如何培养孩子诚实守信的品质？

一、**家长以自己的诚信给孩子做出示范**

孩子的诚信意识，是从他的人生经历中逐步看会学会的。培养孩子诚信意识的第一任教师当然就是父母。家长对孩子不轻易许诺，许诺者必兑现，言必信，行必果，说话算数。这种"身教"是一种"潜教育"，他比"显教育"作用要大得多。所以，家长不要在孩子面前胡乱夸口、轻易许诺，不要为了达到自己眼前的目的就随便答应孩子的任何要求。当孩子提出要求时，你一定要认真想一想，这种要求是不是合理，能不能兑现。如果是合理的、能兑现的，你就认真地承诺，然后让孩子不断提醒自己履行承诺，一定兑现。万一因特殊情况没能履行承诺，失信于孩子，家长应及时向孩子说明情况或做出道歉，并和孩子一起商量用什么形式弥补，不能敷衍了事。要让孩子感觉到，诺言是沉重的，许诺应十分谨慎。假如孩子向家长提出的要求是不合理的或不可能兑现的，你一定不要答应，而要耐心地和孩子一起研究出可行的办法再答应。

二、告诫孩子，对人承诺时一定要三思而后行

我国古代大哲学家老子说过一句话："轻诺必寡信。"我们应该告诫孩子，在承诺别人之前一定要慎重，要三思而后行，要考虑它的可行性，要留有余地，不要随便许诺又随便失信。考虑自己确实能够做到的再答应别人；一旦答应了的事情，就要千方百计地去做好。这样你才能不失信于人，你才能值得别人信任。轻易承诺而不兑现的人往往是没有信用的人。没有信用的人很难有朋友，也很难取得事业的成功。

三、当孩子说了谎时，家长要进行正确的引导和教育

世上因为这样那样的事情，几乎没有不说谎的人。尤其是我们的孩子，年龄小，他们还没有形成正确的世界观、人生观，说谎较之成人更是容易，但他们说谎的原因也比较单纯。比如：说谎可以免受惩罚，说谎可以讨父母或者老师欢心，说谎可以获得某种利益需求，等等。作为家长我们不要因为孩子说谎，就大动干戈抑或棍棒相加，而是要冷静分析，区别对待，并加以正确且积极的引导，让孩子认识到，说谎是错误的行为，说谎是不诚信的表现，说谎是要付出代价的。

四、要营造诚信的环境氛围

夫妻之间，朋友之间，与父母之间，同学之间，同事之间，我们都要做到真诚待人，诚信做事。在家庭日常生活中，要通过讨论分析现实事例来培养孩子这些价值观。例如，孩子向你提到一个同学从别人的包里偷了一个玩具，你就可以和孩子一起讨论、分析偷窃的性质和后果；当你发现孩子在学校抄袭了别人的作业，你就可以与孩子一起讨论诚信的话题。当孩子勇于承认自己错误的时候，

家长不要对孩子全盘否定，不要让孩子因有了错误就自我否定，妄自菲薄，一蹶不振。要让孩子知道自己的价值所在。要让孩子理解：承认错误、改正错误，是为了历练自己，完善自己。孩子长期在这样的环境氛围熏陶下，诚信的品质就会逐渐形成。

❤ **温馨提示**

　　要让孩子理解"善意的说谎"。诚实的基本要求是不说谎，不骗人，但要告诉孩子，在复杂的社会和人生活动中，目的和手段有一定的区别。医生为了减轻病人的痛苦，以利于治病救人，往往向绝症病人隐瞒病情，编造一套谎话给病人，他表现的不是虚伪，而是更高更深层次的诚实。只有智慧、德行和能力达到高度统一的人，才能表现出这种高深层次的诚实美。❤

想一想

　　培养孩子心理素质和多方面的能力，家长应有意识地（　　）。

A.设置一些困难，让孩子经受磨炼

B.给孩子创造优越的环境

C.尽量满足孩子的要求

第二课 积极乐观

理想的人生应当是快乐的、向上的、大有成就的、幸福美满的。孩子正处于人生的起步阶段，父母都希望自己的孩子将来学有所成，人生幸福美满。为此，就必须从小培养他们快乐活泼、积极向上的性格。这种性格最具有生命活力。

？想一想 怎样培养孩子健康、积极、向上、乐观的性格呢？

锦囊妙法

一、勿对孩子控制过严

作为家长，当然不能对孩子不加管教、听之任之，但是控制过严又可能压制儿童天真烂漫的童心，对孩子的心理健康产生消极作用。不妨让孩子在不同的年龄阶段拥有不同的选择权。只有从小能享受选择权的孩子，才能感到真正意义上的快乐和自在。

二、鼓励孩子多交朋友

不善交际的孩子大多性格内向，因为时时可能遭受孤独的煎熬，享受不到友情的温暖。不妨鼓励孩子多交朋友，特别是同龄朋友。本身性格内向、抑郁的孩子更适宜多交一些开朗乐观的朋友。

三、教会孩子与人融洽相处

和他人融洽相处者的内心世界较为光明美好。父母不妨带孩子接触不同年龄、性别、性格、职业和社会地位的人，让他们学会和不同类型的人融洽相处。当然，孩子首先得学会跟父母和兄弟姐妹以及亲戚融洽相处。此外，家长自己应与他人相处融洽，做到热情、真诚待人，不势利，不在背后随意议论别人，给孩子树立一个好榜样。

四、物质生活避免奢华

物质生活的奢华会使得孩子产生一种贪得无厌心理，而对物质的追求往往又难以获得自我满足，这就是为何贪婪者大多并不快乐的根本原因。相反，那些过着简单生活的孩子，往往只要得到一件玩具，就会玩得十分高兴。

五、孩子爱好广泛

一个孩子如果仅有一种爱好，就很难保持长久的快乐感觉。试想：只爱看电视的孩子一旦晚上没有合适的节目时，心头必然会郁郁寡欢。相反，如果孩子看不成电视时爱读书、看报或做游戏，同样可乐在其中。

六、引导孩子学会摆脱困境

即便是天性乐观的人也不可能事事称心如意，也不可能永远快乐。父母最好在孩子很小时就注意培养他们应付困境、逆境的能力。要是孩子一时还无法摆脱困境，还可以教育孩子学会忍耐，或在逆境降临之时寻求另外的精神寄托，如参加运动、游戏、聊天等。

梦园小学足球队

七、拥有适度的自信

拥有自信与快乐性格的形成息息相关。对一个因智力或能力有限而充满自卑的孩子，家长务必发现其长处且发扬光大，并审时度势地多做表扬和鼓励。来自家长和亲友的正面肯定无疑有助于孩子克服自卑、树立自信。

八、创建快乐的家庭气氛

家庭的气氛、家庭成员之间的关系，在很大程度上会影响孩子性格的形成。研究表明，孩子在牙牙学语之前就能感觉到周围的情绪和氛围，尽管当时他还不能用语言来表达。可以想见，一个充满了敌意甚至暴力的家庭，绝对培养不出乐观开朗的孩子。

♥ 温馨提示

生活中，不论是遇到困难、挫折、失败、灾难还是取得成就，一个人只要拥有开朗、快乐而进取的性格，就能拥有永久的幸福。这样的人不论处于何种境况，都会像伏契克说的："为了欢乐而生，为了欢乐而战斗，为了欢乐而死。永远不让悲哀同我们的名字联在一起。" ♥

想一想

培养孩子的艺术才能，家长应（　　）。

A.买来各种乐器，鼓励孩子多学多练

B.强制孩子学习，慢慢养成习惯

C.根据孩子的兴趣特点和家庭条件，因势利导

第三课　独立自主

小欣是某重点大学大一的学生，妈妈说小欣从小到大都很乖很听话，喜欢一个人待在家里，很少与同学交往。平时孩子只要管好学习就行，其他都是她妈妈负责。高考不错，上了某重点大学。但是，第一学期就感到不适应，新生军训时分管他们的高年级学姐就令她难以忍受。她讨厌同寝室同学的许多生活习惯，但很少表露出来，一直压抑在心里，非常难受。她害怕考试，总担心考试不能过，看到同寝室的同学用功读书，就更感到焦虑和恐惧。现在每天都打电话给妈妈，强烈要求退学回家。妈妈意识到问题越来越严重，赶紧请长假过来陪伴女儿，并找心理医生寻求帮助。

怎么培养孩子的独立自主能力呢？其实呢，成功的教育从习惯的养成开始，一个好习惯就是资本，利息一辈子都用不完。而习惯的力量巨大，一旦养成，人就会自觉地一直在这个轨道上运行。一年级正是养成好习惯的最佳时机，那么一年级的孩子要养成哪些好习惯？

第一步：让孩子记住作业

现在手机普及，家长会通过手机知道孩子的作业内容，而很多家长太过于积极，一回家就安排孩子做作业：先做这个再做那个。这样孩子会形成不记作业的习惯：我回家就是做作业，至于做什么爸妈会安排。所以专家建议，家长帮孩子的时候要记住这样一条准则：给孩子帮助是为了将来不需要帮助，我们的监督是为了孩子以后不需要监督。

让孩子自主独立完成作业，必须有一个操作流程。首先，接孩子回家的路上就可以问问孩子，今天有什么作业。如果孩子能够说出来，说明他已经在听了，也养成了听课的习惯。其次，把孩子的责任还给他，不要再拿出手机告诉他今天做什么作业。

第二步：制订作业流程计划

一年级的孩子往往思维条理性还没有建立好，所谓的思维条理就比方今天要做很多事，但你要把事情排序完成，效率会提高。对于一年级的孩子，家长可以帮孩子把作业流程安排好，让孩子按步骤执行，这样更容易养成好的作业习惯。做作业前，可以先问孩子想先做什么作业，让孩子在大脑里把作业内容整理一遍。一般来说，先做书面的作业，再做读写、运动类的比较科学。让孩子把要用到的文具和书统统拿出来放在一起，做好一样就收到书包里去。孩子有了作业流程，家长只需静坐在边上，看到孩子语文做好了，可以问问"接下去是不是做数学了呀？"，孩子就会接上了，一样作业做好了就鼓励一下，"这么快就做好了，看来今天我们能在30分钟内完成了"，这样孩子始终在情绪比较好的状态下完成作业，作业质量也会比较高。

第三步：引导孩子养成良好的书写习惯

一年级的孩子可以重点抓书写习惯，首先，字迹端正的孩子学习态度都不会差，往往会得到老师的正面评价，这也会给孩子带来更多自信。字迹端正和结构合理的书写，为孩子养成好的作业习惯打好基础。

引导孩子写字也有方法。一年级的孩子，刚开始写作业，常会写得歪歪扭扭，涂涂擦擦，有些地方甚至擦破了，作业本看起来脏脏的。这个时候，家长也可以用鼓励的方式，比方孩子一排字写完了，其中一个写得较好，或者只有一个笔画写得好，家长都可以夸一夸。比方"这个横写得好"，夸奖要从细节入手，孩子就知道原来这样写横是好的，收到了这样信息，孩子就知道该怎么样写好。如果你只说，这个东倒西歪，重写，其实这样一来，孩子还是不知道该怎么样才能写好。夸奖得夸张一些也可以，让孩子每天在表扬中得到自信，愿意朝着好的方向走，慢慢就能培养良好的习惯。

对待孩子需要从细处入手，对待我们自己也需要从细处入手，慢慢积累，慢慢懂得了我们自己的孩子，慢慢就收获了和谐的亲子关系，也就收获了一个更好的孩子和自己。重视这个过程，势必会有个好的结果！

第四课　集体荣誉

晚上放学晚了，孩子一出来就不高兴，我以为是他犯错了就开玩笑地问他："今天这么不高兴，上课是不是又被老师点名批评了？"孩子一听更不高兴了，说："我今天没有不听话，是因为小朋友站队老站不好。老师说一个站不好就都不出去，等6点再回家。"说完就哭了。我很奇怪就问他："既然你没捣乱纪律，你为什么哭呢？"他说："妈妈，因为小朋友不听话，我们全班小朋友都陪着他。平时我们4点半放学，今天出来好晚，我不高兴。"我一听明白了就跟他说："宝贝，你要原谅今天不听话的小朋友。相信小朋友今天已经认识到错了，我们一起帮他改正过来好不好？"他看看我说："我知道了妈妈，我以后一定要遵守纪律，不给我们班丢脸。"我听了后很开心，因为孩子知道集体荣誉了。

进入小学后，孩子就开始了全新的集体生活，开始由"个体"意识向"集体"意识转化。而现在的孩子多是独生子女，在家里容易养成以个人为中心的观点，在学校与小朋友相处不肯吃亏，唯我独尊，缺乏集体荣誉感与责任感。孩子的道德情感是在成人的感染和熏陶下形成和发展起来的，无论是家长还是老师，都应该在日常生活中培养孩子的集体感与责任感。

培养集体感

现代社会个人和集体总是分不开的，每一个人都属于大大小小集体中的一分子，个人的发展离不开集体。具有集体观念的人更容易融入一个新的环境，并与集体共荣辱，这是一个人不可或缺的品质。如果在这个阶段培育孩子良好的集体意识，将会对孩子以后的生活产生深远的影响。

（梦园小学足球队　赛前加油助威场景）

集体荣誉感

在日常的学习生活中，老师会通过让孩子做游戏、讲故事的方式让孩子对集体观念有直观的理解。一些团队活动能让孩子懂得"集体力量大"这一道理，而通过与别的班级进行竞赛活动，会让孩子懂得个人与集体的关系。孩子会渐渐明白自己是集体中的一员，自己做得好就会给整个集体加分；自己做得不好，就会影响别的小朋友或整个集体。孩子会发现在集体中不能像在家里一样随心所欲，必须受到集体规则的约束。

培养责任感

责任心不是与生俱来的，没有父母与老师的指导，孩子是很难懂得这点的。责任感的培养是一个逐步发展的长期过程，孩子从小就要有意识地加以培养。责任感对每个人都是非常重要的，家长和老师在关心孩子健康成长的同时，应从小就树立孩子的责任心。

（梦园小学学生合唱比赛齐心协力）

自己的事自己做

孩子在成长期间会表现出各种主动尝试的愿望，如要自己洗衣服、自己整理书包、自己选择自己穿的衣服等，这都是一种责任心的萌芽，家长应该抓住机会，给孩子分配他能达成的任务，通过让孩子劳动的方式，让他明白每个人都应该承担属于自己的责任。对于孩子自我动手的行为家长应给予表扬，让孩子以有责任心为荣。

让孩子承担后果

　　小孩子犯了错误时，一定要孩子承担因自己造成的不良后果。如果孩子损坏了别人的东西，要让孩子道歉，而不是父母帮忙道歉；同时让孩子提出补救办法，对造成的损失父母应坚持让孩子给予对方补偿。让孩子明白，谁造成的错误，就应该由谁负责。事后家长应对孩子勇于承担后果的行为给予肯定。

想一想

　　瓶子里放了5个乒乓球，每个都用细绳系着，要求迅速从瓶中全部拉出。几个小组的同学，各人都想在第一时间里从瓶里取出，结果造成堵塞，都出不去。只有一个小组成功了，他们小组5人形成配合，依次把球从瓶口拉出来。对此，以下认识不正确的是：（　　　）

　　A.团队成员应利益共享，相互宽容，彼此信任。

　　B.团队成员共同承担集体责任，正视困难。

　　C.不必考虑别人的感受，要发扬个人英雄主义精神。

　　D.团队成员要对团队事务全心投入。

第五课　勇担责任

案例

在生命的最后一分钟

一名公交车司机行车途中突发心脏病，在生命的最后一分钟里，做了三件事：

——把车缓缓地停在马路边，并用生命的最后力气拉下了手动刹车闸；

——把车门打开，让乘客安全地下了车；

——将发动机熄火，确保了车和乘客、行人的安全。

他做完了这三件事，安详地趴在方向盘上停止了呼吸。这名司机叫黄志全，所有的大连人都记住了他的名字。

这个故事告诉我们，责任可以让我们将事做完整，爱可以让我们将事情做好。

孩子是祖国的未来和希望，让孩子从小懂得责任和

担当是教育的需要，是实现中华民族伟大复兴的需要。所以，需要家庭、学校和社会营造一个良好的教育环境，循序渐进地对孩子进行教育，把树立责任和担当的意识扎根在孩子的心里，养成一种习惯。

宋代思想家张载说："勿谓小儿无记性，所历事皆不能忘。"孩子从小养成有责任和担当的好习惯，要家庭、学校和社会做好表率，树立榜样，形成合力，让大家都肩负起教育孩子的重任，这样才能营造出良好的教育环境。

如何培养孩子的责任感？

责任感是人们对自己的言行带来的社会价值进行自我判断，从中产生的情感体验。这种体验来自对自己行为后果的反馈，同时又激励、督促自己去履行一定的义务，以实现一定的行为目标。责任感是孩子安身立命的基础，当一个人具有了某些能力时，就要对相应的事物负责。但是，孩子做事，往往更多地重视行为过程本身，而不太重视行为结果，因此，要培养孩子的责任感，必须让孩子有对自己的行为结果负责的习惯。

1. 订立责任合同，让孩子明白该做些什么，要怎样做，否则将会受到哪些惩罚

孩子做事往往是凭兴趣的，对他要求不明确，便不会坚持下去，因此，要让孩子对某件事负责到底，必须清清楚楚告诉他做事的要求，并且与处罚联系在一起。如把洗青菜的活承包给孩子，要是没做好，便不能吃所有的菜。这样，孩子才知道，一个人的行为是要负责的。

2. 让孩子对自己的责任心引以为荣

有位10岁的小女孩，负责倒垃圾已经5年了。在她5岁时，突然对倒垃圾产生了兴趣，一听到收垃圾的铃声，就提着垃圾桶去倒。她的父母为了维持她参加家务劳动的兴趣，培养她倒垃圾的责任感，对她倒垃圾的事予以表扬，说她能干、勤快，还经常当着女孩的面在外人面前称赞她，引起人们的赞誉。这激发了孩子主动倒垃圾的自豪感，慢慢地形成了习惯，把这项劳动当作一种责任。

3. 让孩子学会提醒自己该做什么，学会对自己的事情负责

有个家庭要求家人洗完澡后把换出来的衣服自己放进洗衣机，可8岁的王刚却经常忘记。妈妈让他记下洗澡后该做什么事，以便提醒自己。从此以后，王刚再也不会忘了把脏衣服放进洗衣机，还为自己的进步感到自豪。可见，当要孩子记住做某事时，与其大人经常提醒或给他贴张备忘字条，还不如让孩子自己记下要做的事情有效，那样，孩子们会为记得提醒自己而沾沾自喜，慢慢地学会了对自己的行为负责。孩子只有学会了对自己的事情负责，才能逐步发展为对家庭、对他人、对集体、对社会负责。

4. 对孩子的某些行为造成的不良后果，要让他自己设法补救

如小孩损坏了别人的玩具，一定要让孩子买了还给人家，也许，对方会认为损坏的玩具没多少钱，或认为小孩子损坏玩具是常有的事，或者其他某些原因而不好意思收下孩子的赔偿。但从培养孩子的责任感出发，还是要说服对方收下，这样可以让孩子知道，谁造成不良后果就该由谁负责，每个人的行为都是有责任的。当然，父母在家中要为孩子树立好的榜样，"言必行，行必果"，这样才能有威信。

想一想

承担责任有什么意义？

对于个人的成长来说，承担责任，是自尊自信的具体表现，是自立自强的必然选择，是走向成熟的重要标志。

第六课　勤俭节约

案例

周恩来总理勤俭节约的故事，妇孺皆知，成为美谈。他一贯倡导勤俭节约、艰苦奋斗，要求"一切招待必须是国货，必须节约朴素，切忌铺张华丽，有失革命精神和艰苦奋斗的作风"。朱光亚同志曾回忆过这样一则故事：1961年12月4日召集专门委员会对当时第二机械工业部的一个规划进行审议，会议从上午开到中午还没结束，周总理留大家吃午饭。餐桌上是一大盆肉丸熬白菜、豆腐，四周摆几小碟咸菜和烧饼。周总理同大家同桌就餐，吃同样的饭菜。这个故事至今听来让人觉得很有教育意义。在周总理身上，这样的例子也数不胜数。1962年夏，周总理到辽宁省视察工作，刚住下，他就从口袋里掏出一张纸，交给负责接待的同志，说："上面写的东西都不能做。"原来，这张单子开着20多种禁吃的菜名，鸡鸭鱼肉之类都包括在内。正是这一桩桩、一件件小事，铸就了他们伟大的人格魅力，使之成为中华民族传统美德和我党我军光荣传统的化身。

现在我们的生活好了，孩子的零花钱也慢慢地多起来了，很多家长给孩子零花钱是为了满足孩子的需求，但

是也有一部分家长，是希望孩子从小学会理财，长大了能成为一个善于理财的人。那么家长应该如何来帮助孩子养成勤俭节约的好习惯呢？

怎样培养孩子勤俭节约的好习惯？

一、父母要做到勤俭节约

培养孩子勤俭节约的习惯要先从父母做起，生活在什么样的家庭，孩子就会养成什么样的生活习惯。如果父母知道节俭，不浪费，孩子自然就能学会勤俭节约。如果父母根本不注意日常生活，总是在吃穿等方面与他人攀比，孩子自然也学会攀比。

二、让孩子不浪费食物和学习用品

培养孩子勤俭节约的习惯就要从日常生活中的小事做起，从孩子小的时候就教起，不能等到孩子浪费的习惯已经养成再让他改，也不要认为小事情无所谓，只要不浪费大的东西就可以。

俗话说"由俭入奢易，由奢入俭难"，一旦养成奢侈的习惯就很难变得节俭了。

因此，爸爸在孩子小的时候就要

严格要求孩子不要浪费食物，吃不完的东西留着下次吃，在外面吃饭点菜的时候要按自己的饭量来确定，不能什么都要，到后来剩下饭菜。不能浪费纸张和铅笔等学习用品。衣服、鞋子能穿就行，不要总是和别人攀比。

三、让孩子用挣钱来懂得勤俭节约

让孩子学会节约，最有效的手段就是让孩子直接参与到财富创造的过程中，让孩子学会自己去挣钱，知道挣钱的辛苦和不易，孩子在生活中就不会大手大脚花钱了。比如让孩子做家务赚零花钱等。

让孩子自己挣钱不是目的，而是通过这样的手段让孩子明白钱是怎么来的，并不是一张口就有的。体会到挣钱的辛苦，当然就不会随便浪费了；同时也会想到父母挣钱不容易，知道感恩父母，节约开支。

四、让孩子看到祖辈是怎样生活的

父母的行为可能给孩子的感触还不深，爸爸可以让孩子和祖父母、外祖父母多接触一下，让孩子从他们身上看到老一辈人

是怎么样生活的。

　　祖辈们很多经历过穷苦年代，他们更能做到勤俭节约，爸爸让孩子和他们接触，让他们给孩子讲一些早年间他们是如何生活的故事等，使孩子对铺张浪费现象有所反省，进而做到节约。

<table>
<tr><td rowspan="4">想
一
想</td><td>1993年第47届联合国大会将每年的（　　）定为水日。</td></tr>
<tr><td>A.3月22日</td></tr>
<tr><td>B.4月22日</td></tr>
<tr><td>C.5月22日</td></tr>
</table>

第七课　感恩分享

一、感恩篇

　　爱孩子是父母的本能，为此，爸妈们愿倾尽所有，不求回报。然而，在父母所给予的无穷无尽的爱下，不少孩子把父母无微不至的爱看成天经地义，以自我为中心，不懂得体谅，更不知道感恩。当爸爸妈妈们对自己的孩子付出了无尽的爱的同时，收获的却是孩子的冷漠和自我，每一位父母都会感到既吃惊又心寒：为什么我的孩子会变成这样？

　　感恩，就是对别人的好意怀着谢意，对别人所给的帮助表示感激。感恩心态是一种健康的心态，会使人的身心更好地适应社会、适应自然。

父母是教会孩子感恩的第一任老师

　　家庭是孩子第一个也是永远的学校，父母是孩子第一个也是永远的老师。在家庭里，父母对子女之爱不是单向的，而是双向互动的。做子女不仅接受来自父母之爱，更应该懂得爱的反馈和回报。感恩是人性善之反映，让孩子从感恩父母开始，学会关心身边的人，关心周遭的世界。

　　父母自己做到关心、感恩老人，关爱、感激他人，孩子自然会受影响。特别是接受帮助时，一定要表示感谢。父母要意识到，孩子的好品质、好行为是不断培养出来的，要让孩子从细微处入手，从小事做起。人都是在经历中懂事，如果只是简单浅显地对孩子说，要孝敬长辈，要感恩，他们可能无法理解。因此，要让孩子养成一种习惯，他们才会渐渐形成一种责任和义务。

如何培养孩子感恩之心？

第一步：养成感恩的习惯

将感恩习惯的养成教育渗透于日常生活之中，让孩子从小就浸润在感恩的环境里。

父母要从自身做起，做好示范，利用一切可以利用的契机对孩子进行教育。例如妈妈帮爸爸做事时，爸爸要大声地对妈妈说："谢谢！"妈妈接受爸爸的帮助，也要说一声："谢谢！"爸爸送给孩子礼物时，要告诉他这件礼物是爸爸给你的，你要感谢爸爸；这本书是哥哥姐姐送你的，你要谢谢哥哥姐姐。

在这种氛围中，孩子耳濡目染，渐渐接受这种最基本的礼仪，也学会向父母道谢，将感恩内化于人格之中。

第二步：利用各种节日

充分利用各种节日作为感恩教育的载体。如：春节时，父母要教孩子热情接受爷爷、奶奶及其他亲属送给他的礼物，并表示感谢。不管价钱多少，回到家里都要求孩子妥善保管，学会珍惜别人的情意。教师节，让孩子亲手制作贺卡送给老师，表达对老师的美好祝愿；父亲节和母亲节，孩子对爸爸妈妈说几句感谢的话语，表达出生活中幸福的点点滴滴。

第三步：让孩子学会给予

父母可以偶尔"示弱"，让孩子做些事：假装拿不动衣服，让孩子帮忙拿一两件；假装累了，请孩子倒杯水给爸妈喝……让孩子学会给予，懂得父母和别人的给予与帮助是一种"恩惠"，而不是理所当然。

此外，父母可以带孩子一起参与社区服务，感受为他人服务的快乐。让孩子体验父母的辛劳，更加珍惜家庭生活的幸福。

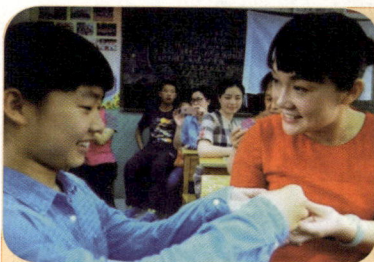
梦园小学六年级的学生为母亲敬茶

梦园小学一年级的孩子为老师唱响"感恩的心"

二、分享篇

分享行为可以帮助孩子拥有更多的朋友，使孩子在活动和交往的过程中更好地获得言语表达、人际交流等技

能，帮助孩子学会与他人和睦相处、共同享受，对孩子今后的成长有很大的帮助。

宝宝说　有一天，姑姑来我家，说想吃我的饼干，可是，我递给她的时候，她又不要了。后来姑姑再要，我就不给她了，她说我是个"小气鬼"。唉，大人们可真奇怪！

妈妈说　我们家洋洋不知道怎么搞的，总是特别小气。比如他正在吃香蕉，你要让他给你吃一口，他总是会把香蕉攥得更紧，甚至看都不看你一眼，还赶紧拿着香蕉走得远远的。他这个小气的毛病我也多次纠正，可是怎么教育都没用。

专家说　无论是物资匮乏的年代，还是物质极大丰富的今天，上述场景都屡见不鲜。大人们能够意识到，必须教育孩子要大方，要学会与人分享。但是，大人往往容易在孩子与其分享的时候谢绝，或者在孩子"小气"的时候简单地批评指责。

谢绝是不对的。当孩子应你的要求把好吃的东西分给你吃的时候，他是真心以为你需要或者你喜欢这个东西，并且会因为能把东西分给你而感到快乐。你的谢绝会使孩子觉得你在"耍"他，同样会伤害他的自尊。就跟"狼来了"的故事一样，当下一次你或者别人再向他要东西的时候，他也许就会为了保护自己、防止被"耍"而拒绝与人分享。本来是个"大方"的孩子，也由此变成了"小气鬼"。

简单的批评指责会挫伤孩子的自尊心，甚至会使他产生抵触心理，变得越来越"小气"。所以，面对"小气"的孩子，不能简单地批评，而要通过各种方法，向他逐步表现和传达分享的行为与观念，让他从分享中感受到快乐和成就。这样，他就会慢慢"大方"起来了。

因此，如果一个孩子变得"小气"，不愿意和他人分享，那很可能不仅仅是孩子的问题，而是大人的教育出了问题。

分享行为的定义　　指孩子将自己所拥有的、能支配的物质与别人一起使用，将自己的欢乐、幸福、好处、机会等与别人一同体验的行为。分享是儿童社会交往中的一种能力，学会分享是孩子成长过程中的一座里程碑，父母要注意从小培养孩子的分享行为。

怎样培养孩子的分享能力？

1. 满足孩子对爱的需求

请爸爸妈妈拿出足够的时间、精力来和孩子共处，不要忽视孩子对爱的需要；否则，孩子可能会失去已经获得的安全感。孩子对父母的不信任，就可能在其社会行为上体现出来，比如不愿意与人分享。

2. 做出分享的榜样

爸爸妈妈可以有意识地在孩子面前与家人分享自己喜欢的东西，此外，当孩子偶尔做出分享行为时，一定不要谢绝，要诚恳地接受孩子的好意，而且要表示感谢，让孩子体验到和大家分享是件很快乐的事情，从而激励他继续这种行为。

3. 进行角色扮演

给孩子讲有关分享的故事，并和孩子一起扮演故事里面的角色。孩子来扮演把自己喜欢的东西和别人分享的角色，爸爸妈妈扮演接受别人礼物的角色，然后可以交换角色。经过一段时间的角色扮演，真实、直接的情感体验使得角色的分享特征固定在孩子的心中，让孩子真正成长为愿意分享的人。

这些绘本，教会孩子分享……

《织毛线的多多》：讲述爱织毛线的多多如何在朋友的帮助下织了一件大围巾，帮助大家度过寒冬的故事。

《彩虹色的花》：讲述了一朵彩虹花乐于助人、分享爱的感人故事。

《月亮的味道》：一群小动物互相帮助，最终合力尝到月亮味道的故事。

《小机灵和小迷瞪》：讲述了两只小黄狗由抢骨头到一起打退敌人，共同分享一根骨头的故事。

《鲁拉鲁先生的院子》：爱好整洁的鲁拉鲁先生最终明白：分享是一件多么美好的事情啊！

《快乐交朋友》："我们爱生活"系列，这本书包含大量交朋友以及与人分享、合作的技巧。

《石头汤》：聪明的和尚用煮石头汤的方法，让大家明白付出越多、回报越多的故事。

《我会更好吃》：讲述了一个小橡果如何保护自己，最终又惠及他人的故事。

家长手记：细心观察孩子在生活中懂得感恩或者分享的点滴，并记录下来，一段时间后与孩子回忆，对这些好的行为加以肯定，鼓励孩子继续加油！

第八课　乐于助人

　　向孩子灌输乐于助人的价值观永远都不会太晚：乐于助人不仅能让孩子在生活中顺利与别人合作，孩子也能受到同伴的欢迎和喜爱。如果孩子为人处事太过冷漠孤傲，很难在这个社会拥有自己的交际圈。所以，家长必须从小培养孩子助人为乐的品质，让孩子学会帮助别人。

让孩子相信自己有能力帮助别人

　　有的孩子在同伴需要帮助的时候，表现迟疑或者太过冷漠，这都是对朋友的一种伤害。事实上，有时孩子是自身缺乏自信，认为自己不可能对别人有帮助。如果孩子有这种想法的话，父母应该寻找机会帮助孩子找回自信，时常给孩子自信和鼓励。

让孩子学会观察和注意别人的需要

　　当同伴处于困境中，有些孩子能察觉到同伴需要帮助，但是仍然熟视无睹，毫无反应，该干什么干什么。对于孩子这样的表现，父母要经常直接用语言表达自己的需要，描述需要的帮助，并教孩子懂得如何从别人的表情、行为看出对方的需要，让孩子学会关心别人。

让孩子及时做出助人的决定

根据研究，情感的力量有助于孩子做出助人的决定，父母可以引导他们回忆自己经历过的类似情景和感受，如"以前你系不上鞋带的时候，是不是也挺着急的"。父母还可以设置情景，让他们设身处地地想一想，自己遇到一些困难情况时心里的想法。

教孩子采取恰当的助人行动

心有余而力不足，就是说想帮但自身能力却不够，父母要让孩子懂得，在个人能力有限的时候，可以寻求更多的帮助或者从其他方面想出更好的办法来解决别人的难题。

为孩子讲述历史故事   雪中送炭

战国时期，楚国冬天下大雪，楚怀王点上炉火，穿上皮大袄还觉得冷。突然，他沉思一会儿，下令给全国的贫苦百姓和游客送去取暖的煤炭。人们很高兴，非常感动，十分感激楚怀王。

楚怀王忽然想到，我在皇宫还这么冷，百姓们在草房里就更冷了。

这个故事告诉我们，在别人有困难时应该给予物质上或精神上的帮助。

　　一个懂得帮助他人的人，才能得到更多人的帮助，才会有更多的朋友。现在的孩子一直处于被周围的人照顾的阶段，很少会想到别人。这样的教育不利于孩子的成长，不利于孩子形成优良品格。助人为乐是一种高尚的品格。本故事从正面的角度来使孩子认识到助人为乐的重要性，让孩子有意识地树立助人为乐的信心与愿望。

实际运用

　　首先，家长要培养孩子爱的情感，教会孩子关爱身边的亲人。比如，利用照片绘画的方式与孩子一起制作家庭小档案，了解家庭成员的爱好，帮助别人可以从帮助亲人开始，还可以教会孩子帮妈妈择菜、摆碗筷等。

　　其次，经常向孩子讲述雷锋帮助他人、以诚待人的行为和事迹，让孩子知道雷锋为什么会受到大家的爱戴。父母要让孩子明白：帮助别人、以诚相待的人是受大家关注与爱戴的，让孩子明白尊重他人等于尊重自己，给予与付出是对等的，爱是一种双向的关系。

　　最后，父母要以身作则，给孩子树立良好的学习榜样。父母参加志愿服务的时候，把孩子也带上（但要保证那里有适合孩子的事情可做）。孩子完成志愿服务工作之后，和孩子谈论感受，了解孩子从中学到了些什么，并对孩子的出色表现给予肯定。鼓励孩子把自己参加的志愿服务工作记录在日志上，等回顾这一切的时候，你和孩子都会对他所取得的成绩感到自豪。

与孩子分享的童话故事 乐于助人的小黑熊

小黑熊其实并不小，因为他只有5岁，所以大家都习惯叫他小黑熊。

虽然小黑熊的年纪还小，可他却凭着自己的大力气，帮助森林里的小动物们做了很多事情。

不久前，一场大雨将小白兔的房子冲垮了，小白兔在被冲垮的房子前呜呜地哭着。小黑熊知道了，帮小白兔建起了一座更坚固、更舒适的房子。小白兔连声说着"谢谢，谢谢"，感激得不得了。

前天，一阵大风将小灰羊的房顶掀走了。小灰羊着急得不行，但是自己力气小，运不来合适的木料修补房顶。小黑熊听说后，主动给小灰羊扛去了木料，只用了半天工夫，就帮助小灰羊修补好了房顶。小灰羊要送小黑熊一件礼物，被小黑熊拒绝了。

现在，连小黑熊也不知道他究竟帮助过多少小动物了。每当小动物们要对小黑熊表示感谢并送给他一些礼物的时候，却被小黑熊拒绝了。他认为自己力气很大，帮助别人算不了什么，也不要求别人回报。

这天，小黑熊独自在森林里溜达。走到一处开阔地的时候，小黑熊突然感觉脚底下一软，身子一沉，"咕咚"

一声，他掉进了一个陷阱里。

在陷阱里，小黑熊缓了缓神，逐渐看清楚了——这个陷阱足有五六米深，四壁都很光滑。"看来单凭我自己是爬不上去的。"小黑熊思考着，"这可怎么办呢?"他试着喊了几声，但没有人应答。

就在小黑熊绝望的时候，他听到了小白兔喊他的声音。他抬头一看，发现陷阱口有一圈小脑袋，原来是小白兔、小灰羊、机灵猴、小花鹿……他们找来了绳子、木头等工具，将小黑熊从陷阱里救了上来。原来，机灵猴去找小黑熊帮忙，找了半天才发现小黑熊掉进了陷阱里，就去找大家来帮忙。

看着大家累得满头大汗，小黑熊感激地对大家连声说："谢谢，谢谢你们。"谁知大家都蹦跳着闪开了。小白兔一边跑一边笑着说："你帮助过我们，还不求回报。我们帮助你，也不用谢的。"

看着小伙伴们的背影，小黑熊笑了——原来自己帮助了别人，在自己遇到困难的时候，也能得到别人的帮助。

梦园小学一年级学生"学雷锋，我奉献"志愿服务活动

梦园小学"绿色小天使"环保志愿活动

　　家长手记：带领孩子参加社区活动或者公益实践，与孩子一同交流活动中的感悟和收获，并认真记录下来。

第四篇 安全教育

第一课　交通安全

2013年3月31日11时55分，河南省潢川县小学生杨明亮（男，8岁），在北京市丰台区富丰桥东韩庄子路口由北向南横穿机动车道时，被由西向东驶来的李元元（女，24岁，北京市公交总公司603车队）驾驶的公交汽车当场轧死。

据不完全统计，仅2010年由交通事故和溺水造成的学生死亡人数超过了全年事故死亡总人数的60%，而且交通事故伤亡的数量呈逐年上升趋势，全国每年有2万多名中小学生因交通事故伤残、死亡。交通事故已成为未成年人的头号"杀手"。

少年儿童正处在身体发育时期，身手敏捷，爱动好跑。但生理条件的限制又决定了他们的活动能力与认识水平存在着矛盾，在心理上往往表现为反应快，顾虑少，不稳定，只从个人兴趣出发，不会顾及未来效果，好冒险蛮干。那么，如何教儿童注意交通安全呢？

一、增强孩子的红绿灯意识

红绿灯是设在街道路口的交通信号装置。它像无声的指挥官，不断发出各种指令，把不同方向的车辆、行人从时

间和空间上隔开，指挥它们有秩序地通过路口，以保障交通安全与畅通。小朋友们千万不要以为信号灯只是对机动车起作用，非机动车和行人可以任意行走。要知道，交通信号对所有交通参与者的限制都是一样的。"红灯停，绿灯行"，按信号灯的指示通行，起步时向左右两边看是否有来车，然后从人行横道横过马路。这样通过路口就很安全。我们应该从小培养这种"红绿灯意识"，自觉地接受交通信号的指挥。

二、一年级学生过马路要让大人牵引

一些小朋友过马路时，不愿让大人牵手而行，喜欢单独行动，东奔西跑。路上车来车往，稍不注意就容易发生事故。一年级孩子往往视野狭窄，不能全面观察道路情况，由于经验不足，对车速与距离缺乏正确估计。还有他们思想简单，容易胡冲乱撞。为了防止孩子在人行道上乱跑，干扰交通秩序或突然闯入行车道，不要让儿童单独上街。他们如在街道或公路上行走，必须由成年人带领。

三、不要在车辆临近时突然横穿马路

现实生活中常见这种镜头：大人、小孩各走道路一边，当遇到险情时，小孩突然向大人一边奔跑，尽管飞驰而来的车辆紧急刹车，但车辆还是将小孩撞倒了。这种情况，主要是横穿者距离车辆太近，即使驾驶员采取紧急停车措施，恶果仍不可避免。人在奔跑中，突然要立即停下来，人就会不由自主向前冲出几步，这就是力的惯性作用。再说，人的大脑从接受外界信号到是否决定停步到最后停下来有一个过程。汽车也是这样，当行驶中司机发现危险情况时，立即将右脚从油门踏板迅速移动到刹车踏板紧急制动时，也有一个过程；再加上行驶的汽车有惯性，不能一刹即停。最安全之策，只能是：不要在汽车临近时突然横穿马路。

想一想

李明今年9岁，李明的姐姐今年11岁，下列说法正确的是（　　　）。

A. 李明不可以驾驶自行车上路行驶，李明的姐姐可以

B. 李明和他姐姐都能驾驶自行车上路行驶

C. 李明和他姐姐都不可以驾驶自行车上路行驶

D. 李明的姐姐可以骑车带李明上路行驶

第二课　校内安全

某校的一男生从校园办公楼的过道经过时，忽然，有一男生从乒乓桌那边飞跑过来，正好撞到这位同学。当时，这位同学只感到嘴巴

剧痛，手一摸，牙齿掉了。他又怕又痛，不停地哭。老师立即联系家长，急忙送医院，花了4000多元将牙齿固定矫形，以后这两颗门牙可能会变黑。这真是飞来横祸啊！

11岁的林枫就读于石龙坑小学五年级（1）班，从来没有跌出过班级前三，上次考试还是班上的第一名。悲剧发生前，他正在教室里自习，为了阻止两名在教室里抛掷龙眼的同学，与一名同学从言语冲突发展到扭打，其间林枫头部后仰突然倒地。他很快爬起，但接着又倒了下去。此后林枫再也没能爬起。家长闻此噩耗，伤心欲绝。

触目惊心的数字！

1. 进入20世纪90年代，我国因意外伤害丧生的14岁以下的孩子有四五十万，占总死亡人数的31.3%，是发达国家的3至11倍。

2. 2008年全国中小学生共死亡4205人，平均每天死亡

12人，就是每三四天，全国就有1个班的孩子消失了！

　　校园是我们学习、生活的主要场所，每天我们三分之一的时间都是在校园里度过的，学习的快乐、同学的友谊伴随着我们快乐成长。校园内不只有快乐与你形影相随，安全隐患也像幽灵一样游荡在我们的身边。不注意对它的防范，它就会对我们造成伤害。

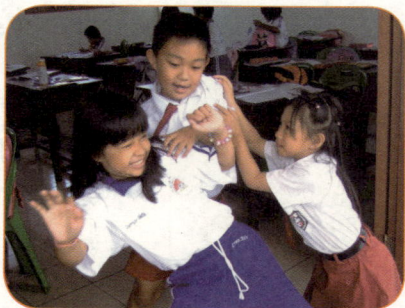

　　1.进出教室要有秩序，不要推搡拥挤。

　　2.在教室和走廊奔跑、追逐玩耍容易发生意外。

　　3.上下楼梯时尽量靠边行走，不要奔跑、推搡。

英国儿童安全十大宣言

　　1.平安成长比成功更重要；

　　2.背心、底裤覆盖的地方不许别人摸；

　　3.生命第一，财物第二；

　　4.小秘密一定要告诉妈妈；

　　5.不喝陌生人的饮料，不吃陌生人的糖果、水果；

　　6.不与陌生人说话；

7. 遇到危险可以打破玻璃，破坏家具；
8. 遇到危险可以自己先跑；
9. 绝不保守坏人的秘密；
10. 坏人可以骗。

校园安全儿歌

校园安全要记牢，体育锻炼准备好。
追逐玩耍都不要，午间课间休息好。
上下楼梯过走廊，右行慢步有序好。
自己前后要顾牢，上课听讲不嬉闹。
遵守时间不提前，自救自护很重要。
安全隐患早报告，校园平安都做到。

想一想

假如在学校有人向你勒索钱财，你应该怎么做？（　　）

A. 不能让任何人知道这件事，免得遭报复
B. 以后每天带点钱，免得没钱挨打
C. 尽快告诉爸爸妈妈或老师
D. 找几个人教训他一顿

第三课　课间安全

某小学的下课休息时间，学生李某和张某在一起玩起了斗拐的游戏（一条腿盘在另一条腿上，互相撞击）。张某因斗不过李某，就用手将李某推倒，致使李某右大腿骨折。李某出院后，经法医鉴定，为9级伤残。法院一审判决致害人张某的监护人赔偿原告李某损失7815.51元。

学生活泼好动，爱玩是他们的天性，由此引发的课间伤害事故也是接连不断。

1.**拥挤伤害**。这种伤害主要发生于教室门口、楼道上。课间十分钟学生大量聚集到教室门口、楼道上，加上学生年龄小，安全意识差，拥挤现象难以避免。一旦有一名学生失足跌倒，就极有可能造成严重的人身伤害，甚至危及学生生命。

2.**追逐伤害**。小学生精力旺盛，好运动，特别是男同学常会为了芝麻大的事，满教学楼地追逐打闹。倘若学生手中再拿有竹棒等小物件，危险程度就更高了。因为奔跑，还很容易撞在开启的门窗上、墙转弯处、课桌的棱角上、消防设施的玻璃上等。像这样在学校内由于学生间追逐而造成的门牙磕断、腿脚骨折等伤害事故不在少数。

3.**游戏伤害**。这是课间十分钟学生伤害事故的多发区域。

究其原因，一是游戏本身隐含了危险因素，二是游戏的地点常常不是在宽阔的操场上，而是在教学楼的走廊上、教室里。

课间应做些什么呢？

在每天紧张的学习过程中，课间活动能够起到放松、调节和适当休息的作用。课间活动应当注意以下几个方面：

1.室外空气新鲜，课间活动应当尽量在室外，但不要远离教室，以免耽误上课。

2.活动的强度要适当，不能做剧烈的活动，以保证继续上课时不疲劳、精神饱满。

3.活动的方式要科学易行，如喝水、做眼保健操、上厕所等。

4.活动时要注意安全，要避免发生扭伤、碰伤等危险。

5.课间玩耍不要打闹追逐，严禁爬围墙、爬篮球架、爬走廊栏杆等。

想一想

下课了，学生可以选择下列哪种游戏方式？（　　　）

A.在操场上和同学一起跳绳

B.举行上楼梯比赛

C.把楼梯扶手当滑翔机

D.在走廊上踢球

第四课　活动安全

案例

2014年4月10日上午，海南澄迈一所学校租用大巴组织学生春游，途中大巴车发生侧翻，当场造成8名小学生死亡，30多人受伤。近年来，学生春游事故频频发生，给学校、学生家庭都造成了难以挽回的损失。

集体活动听指挥

外出参加集体活动时，我们一定要有团队意识和责任心，遵守活动纪律。

活动时，听从老师或工作人员指挥，不单独活动，遇到事情时，立即向老师报告。

去户外活动之前，要关注活动当天的天气，适当地增添衣服，准备一些必需品，如充足的水、食物、雨衣等。

知识屋　**体育课的安全**

体育课活动量大，还要运用很多体育器材，所以上课时着装有讲究。

1. 衣服要宽松得体，最好穿防滑胶底帆布鞋或运动鞋。

2. 口袋里不要装钥匙、小刀等坚硬、锋利的物品，头发上不要带各种复杂的发卡。这些东西都是很危险的。

3. 患有近视眼的同学，如果可以不戴眼镜上体育课，就尽量不要戴眼镜。

2. 体育课一定要服从老师的管理，不能私自行动，脱离集体。

想一想

户外活动时，你很渴，这时有位陌生的叔叔请你喝他带的可乐。你觉得哪种做法最妥当？（　　）

A.向他表示感谢，但不接受他的可乐

B.接过可乐，并说声"谢谢"

C.不吭声，保持沉默

第五课　心理安全

"一个阳光快乐的孩子是一个能自主的孩子，他有能力面对生活中的各种困难，也能在社会中找到自己的位置。"这是法国儿童教育学界认可的观点。

2016年2月28日晚上11点左右，合肥市蜀山区某小区物业保安在小区巡逻时发现一名小女孩躺倒在血泊里。辖区警方和120急救人员闻讯赶来，此时女孩已无生命体征。民警和物业保安逐楼查找，终于在10楼找到了女孩的家人，家人打开女孩的卧室发现孩子已不在。对于女孩的离去，父母十分悲痛。记者从警方了解到，女孩房间内留有遗言，是写在一张绿色纸上，遗言的内容大概是因父母离异等原因而选择轻生。

怎样培养一个心理阳光、远离阴暗的孩子呢？法国不少资深育儿界专家给父母们提出了一系列操作性很强的建议。

第一，训练孩子独处的能力。

心理学家说，安全感不是依赖感，如果一个孩子需要热情而稳定的感情联系，他也需要学会独处，比如让他自己待在安全的房间里。孩子获得安全感，不一定需要父母时刻在场，即便他看不见您，他心里也会知道您在那里。专家说，对于孩子的各种需要，大人需要去"回应"，而不要事事"满足"。

第二，满足孩子要有度。

要人为地制定一些界限，不能无条件地满足孩子的要求。"能够心情愉悦的另一个前提，是孩子能承受生活中那些不可避免的挫折和失望。"儿童精神病科医生托马斯博士告诉我们："只有当孩子明白了一个道理，即能获得某种东西并不取决于他的欲望，而是取决于他的能力，他才能得到内心的充实和快乐。"孩子越早明白这个道理，他的痛苦就越少。一定不要总在第一时间满足孩子的愿望。正确的做法是，拖延一些时间。比如，孩子饿了，可以让他等上几分钟。

第三，孩子发火的时候冷处理。

孩子发火，第一个办法是转移注意力，就是想办法让他去自己的房间发火。没有了观众，他自己慢慢地就会安静下来。说"不"的策略：不要干巴巴地说不，要给孩子解释为什么不行。即便孩子听不懂，他也能懂得你对他的耐心和尊重；家长之间要意见一致，不能一个说行，一个说不行；禁止一件事情的同时可以给他做另外一件事的自由。

第四，批评，对事不对人。

批评孩子要就事论事。比如，孩子弄坏了妈妈的首饰，这样说是对的："你看，如果你去玩你没权利玩的东西，就会发生这样糟糕的事。"这样说是错的："你太坏了，你怎么能弄坏我的首饰呢？你成心不让妈妈戴了！"第一句话明确告诉了孩子，他的错误在于他"动了不该动的东西"，并没否定孩子的人品。第二句话则为孩子定了性，使他很沮丧，打击了他做好孩子的自信心。

第五，放手让他做。

让孩子早早地做力所能及的事情，将来他会更积极主动地做事。不要过分替孩子做事情，替孩子说话，替孩子做决定。越俎代庖之前，可以想想，这件事，也许孩子可以自己做了。不要说的话："你不行，这事你做不了！"让孩子"尝新"。有时候大人禁止孩子做一些事情，仅仅因为"他没做过"。如果事情不是危险的，就放手让孩子尝试。

第六，让孩子敞开心扉。

与人沟通是能力，把心里的想法说出来更是一种能力，特别是男孩子，需要父亲正确地引导。积极地、及时地说出自己心里的话，会避免做出一些阴暗的事情。

快乐是一种能力，让他能看到生活中好的、积极的一面。多说积极的话："我们在一起真高兴，不是吗？""我们真是太幸运了！""不要难过，下次我们会做得更好。"

想一想

红红和明明是同桌，她们最近发生了点小摩擦，下列处理方法正确的是（   ）。

A. 明明原谅了红红

B. 红红记恨在心，事后叫校外的朋友教训了明明

C. 红红把明明的作业本给撕坏了

D. 红红的家长到学校教训了明明

第六课 食品安全

2014年12月10日，许家坊小学出现学生吃食堂饭菜，食物中毒，约280名小学生出现呕吐、腹泻情况。本次小学生食物中毒已经是今年第二次出现，上半年曾经出现过一次几百人吃土豆食物中毒。

为什么会发生食物中毒？为什么有的同学长得高高大大，十分健壮，而有的同学长得瘦瘦小小，经常生病？其中很重要的一点是和他们的饮食习惯有关。所以，饮食也是一门很有讲究的学问，你们想知道里面的知识吗？

思考：有害食品有哪些？

1.油炸食品　此类食品热量高，是导致高脂血症和冠心病的最危险食品。

2.罐头类食品　不论是水果类罐头，还是肉类罐头，其中的营养素都遭到大量的破坏。另外，罐头制品中的蛋白质常常出现变性，使其消化吸收率大为降低，营养价值大幅度"缩水"。

3.腌制食品　在腌制过程中，需要大量放盐，这会导致此类食物钠盐含量超标，还有，食品在腌制过程中可产生大量的致癌物质——亚硝胺，导致鼻咽癌等恶性肿瘤的发病风险增高。

4.加工的肉类食品（火腿肠等）　这类食物含有一定量的亚硝酸盐，故可能有导致癌症的潜在风险。

5.奶油制品　常吃奶油类制品可导致体重增加，甚至出现血糖和血脂升高。饭前食用奶油蛋糕等，还会降低食欲。

6.方便面　属于高盐、高脂、低维生素、低矿物质一类食物。

7.烧烤类食品 含有强致癌物质。

8.冷冻甜点 包括冰激凌、雪糕等。这类食品有三大问题：因含有较高的奶油，易导致肥胖；因高糖，可降低食欲；还可能因为温度低而刺激胃肠道。

9.果脯、话梅和蜜饯类食物 含有亚硝酸盐，在人体内可形成潜在的致癌物质——亚硝胺。

10.三无产品 《中华人民共和国产品质量法》规定食品生产必须要有中文厂名、中文厂址、电话、许可证号、产品标志、生产日期、中文产品说明书，如有必要时还需要有限定性或提示性说明等，凡是缺少的均视为不合格产品。上述要求缺少其中之一，均可视为三无产品。

11.过期食物 过期食物里面的营养素大量丢失，添加剂会失效，容易导致食物滋生病原微生物。病原微生物在一定的条件下会产生毒素，一般都是肠毒素，对消化系统产生危害。

想一想

在预防饮食安全方面做得不妥当的是（ ）。
A.购买和食用定型包装食品时，要查看有无生产日期、保质期、生产单位
B.餐具要卫生，要有自己的专用餐具
C.在外就餐时，选择较为便宜的无证、无照路边餐
D.养成良好的个人卫生习惯

第七课　防病防火

案例

自2006年5月29日到8月18日，某省一所高级中学短时间内先后有60多名学生发生肺结核，引起各方关注。

高一学生小李（化名）是被确认的第一例肺结核病患者。此后一周内，同一个班里又有两名学生患病。病例的逐渐增多引起了校方的重视。当地政府对患病学生积极救治，卫生部门对全校近3000名师生进行了全面筛查，有60多名学生被确诊为结核病患者，患病的学生中有传染性的不得不休学回家或住院治疗，严重影响了学校的正常教学秩序。

知识屋　防病知识

❖ 1．提前接种疫苗，对于一些已经有疫苗可以防控的疾病，一定要接种疫苗，如麻腮风疫苗、水痘疫苗、甲肝疫苗、乙脑疫苗，等等，在很大程度上可以保护易感人群，从而避免疾病发生。

❖ 2．保证室内通风换气。在保持空气流通的同时，要注意保暖，避免着凉。

❖ 3．不要到人群密集、密闭的地方活动，外出乘公交车最好能戴上口罩。口罩最好4小时一换，在未清洗、消毒的情况下不要重复使用。

❖ 4．避免和家长串门或探视病人。

❖ 5．尽量少到医院等高危地区。自己如果患了感冒或其他危害不大的小病，可以在家里治疗，尽量不要到医院去。

❖ 6．家里定期消毒。可以选择市场上出售的消毒药水，擦拭桌椅、玩具等。

❖ 7．保持良好身体状态。正确的做法是早睡早起，保证良好的睡眠和充分的休息，注意饮食的合理搭配和情绪的调节，才能有效地防病于未然。

❖ 8．养成良好的卫生习惯。勤洗手、勤洗澡、勤换衣服。

❖ 9．切不可暴饮暴食。大便排泄不畅会使毒素滞留体内，降低人体的免疫力。

❖ 10．如果发现有发热、头晕、口干、流汗、高烧不退等症状，应立即戴上口罩到正规的医院就医，并及时通知学校。

❖ 11．可适当服用一些提高免疫力的药物。

另外，也要养成良好的卫生习惯。

❖ 1．洗手：在这些情况下必须要洗手：饭前饭后；便前便后；吃药之前；接触过血液、泪液、鼻涕、痰液和唾液之后；做完扫除工作之后；接触钱币之后；接触别人之后；在室外玩耍沾染了脏东西后；户外活动、购物之后。

❖ 2．勤换衣物：贴身的衣物、被褥、枕巾要常换常洗，如果有条件最好能定期在太阳光下曝晒消毒。

❖ 3．勤剪指甲：指甲盖里容易藏污纳垢，因此要经常剪指甲。

儿歌我会唱

预防传染病儿歌

你拍一，我拍一，勤洗澡来勤换衣。
你拍二，我拍二，开窗通风好习惯。
你拍三，我拍三，肥皂洗手把好关。
你拍四，我拍四，人多地方我不去。
你拍五，我拍五，晒晒毛巾和被褥。
你拍六，我拍六，饭前饭后要漱口。
你拍七，我拍七，生冷食物不要吃。
你拍八，我拍八，各种疾病赶跑它。
你拍九，我拍九，太阳下面扭一扭。

知识屋 防火知识

水火无情，人所共知。在面对大火肆虐的危急时刻，必须坚持"三要""三救""三不"的原则，才能够化险为夷，绝处逢生。

1．"三要"

（1）"要"熟悉自己住所的环境

平时要多注意观察，做到对住所的楼梯、通道、大门、紧急疏散出口等了如指掌，对有没有平台、天窗、临时避难层（间）胸中有数。

（2）"要"遇事保持沉着冷静

面对熊熊大火，只有保持沉着和冷静，才能采取迅速果断的措施，保护自身和别人的安全。例如，只知道推门，而不会用力去拉门；错把墙壁当作门，用力猛敲；甚至不管三七二十一，盲目跳楼……在开门之前要先摸摸门，如果门发热或烟雾已从门缝中渗透进来，就不能开门，准备走第二条路线。即使门不热，也只能小心地打开一点点并迅速通过，随后立即把门重新关上。因为门大开时会跑进氧气，这样一来，即使是快要闷熄的火也会瞬间燃烧起来。

（3）"要"警惕烟毒的侵害

在火灾中，最大的"杀手"并非大火本身，而是在焚烧时所产生的大量有毒烟雾，其主要成分为一氧化碳。消防专家的研究表明，空气中的一氧化碳含量为1％时，人呼吸数次后就会昏迷，一两分钟便可导致死亡。专家建议，用湿毛巾将鼻子和嘴捂住，尽快地撤离火场。如果火势过大过猛烈，出口通道被浓烟堵住，且没有其他路线可走，可用湿棉被做掩护，贴近地面的"安全带"，匍匐通过浓烟密布的走廊和房间。绝对不能以身体站直的姿势去跑。因为冷热空气是对流的，有毒烟气飘浮在房屋的上部，而贴近地面的地方会跑进一些新鲜空气供人呼吸。站着跑很有可能无法呼吸，窒息而死。如果自己的衣裤着火，应该脱掉，或在地上打滚，将火熄灭。若有人惊惶而逃时衣裤带火，应将其按倒在地打滚，直至火熄。

2．"三救"

（1）选择逃生通道自"救"

发生火灾时，利用烟气不浓或大火尚未烧着的楼梯、疏散通道、敞开式楼梯逃生，是最理想的选择。

（2）结绳下滑"自救"

在遇上过道或楼梯已经被大火或有毒烟雾封锁后，该怎么办呢？应该及时利用绳子（或者把窗帘、床单撕扯成较粗的长条结成的长带子），将其一端牢牢地系在自来水管或暖气管等能负载体重的物体上，另一端从窗口下垂至地面或较低楼层的阳台处等，然后沿着绳子下滑，逃离火场。

（3）向外界求"救"

倘若自己被大火封锁在楼内，一切逃生之路都已切断，那就得暂时退到房内，关闭通向火区的门窗。待在房间里，并不是消极地坐以待毙。可向门窗浇水，以减缓火势的蔓延；与此同时，通过窗口向下面呼喊、招手、打亮手电筒、抛掷物品等，发出求救信号，等待消防队员的救援。

3．"三不"

（1）"不"乘普通电梯。

（2）"不"轻易跳楼。

（3）"不"贪恋财物。

想一想

煤气中毒有哪些症状？（　　　）

A．头昏

B．恶心

C．呕吐

D．以上全是

第八课　防溺防震

案例

2010年5月22日，屯昌11个小学生相约去水库游泳，3名女生被淹死。

6月5日下午4时许，儋州苏氏兄弟跑到当地一条水利河沟玩水时，不幸发生溺水，兄弟俩双双被水冲走。

6月5日，一名7岁儿童下午与同龄伙伴，结伴到南渡江游泳时溺水身亡。悲恸欲绝的母亲闻讯赶到现场后，抱着儿子尸体数小时不放。

7月3日下午，河南省驻马店市确山县留庄镇石庄村发生一起溺水事故，5名儿童（3男2女）在鱼塘中溺水死亡。

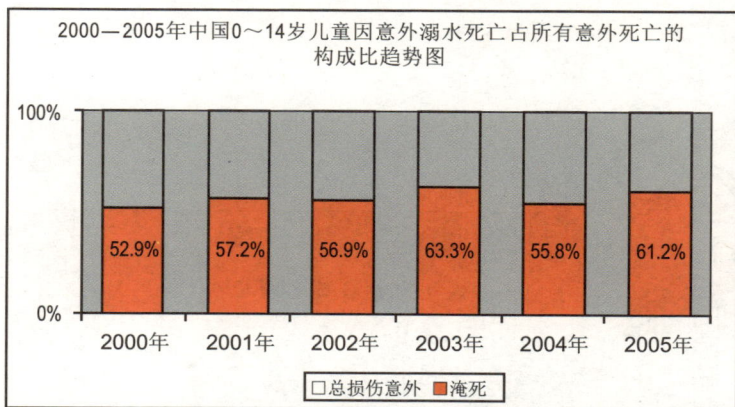

2000—2005年中国0～14岁儿童因意外溺水死亡占所有意外死亡的构成比趋势图

	2000年	2001年	2002年	2003年	2004年	2005年
	52.9%	57.2%	56.9%	63.3%	55.8%	61.2%

□总损伤意外　■淹死

知识屋　如何预防溺水？

1. 不要独自一人外出游泳，更不要到不知水情或比较危险且易发生溺水伤亡事故的地方去游泳。选择好的游泳场所，对场所的环境（如该水库、浴场是否卫生，水下是否平坦，有无暗礁、暗流、杂草，水域的深浅等）要了解清楚。

2. 必须要有组织并在老师、家长或熟悉水性的人的带领下去游泳。

3. 要清楚自己的身体健康状况，平时四肢就容易抽筋者不宜参加游泳或不要到深水区游泳。要做好下水前的准备，先活动活动身体，镶有假牙的同学，应将假牙取下，以防呛水时假牙落入食管或气管。

4. 对自己的水性要有自知之明，下水后不能逞能，不要贸然跳水和潜泳，更不能互相打闹，以免喝水和溺水。不要在急流和漩涡处游泳。

5. 在游泳中如果突然觉得身体不舒服，如眩晕、恶心、心慌、气短等，要立即上岸休息或呼救。

6. 在游泳中，若小腿或脚部抽筋，千万不要惊慌，可用力蹬腿或做跳跃动作，或用力按摩、拉扯抽筋部位，同时呼叫同伴救助。

案例

汶川大地震

名　称	"5·12"汶川地震	时间	2008年5月12日14时27分59.5秒

地理位置	震中心为四川省汶川县，都江堰市西21km，崇州市西北48km，大邑县西北48km，成都市西北75km	震级	里氏震级8.0级，矩震级7.9级
地震类型	构造地震	震源深度	14km
震中烈度	最大11度	伤亡人数	69227人遇难，374643人受伤，17923人失踪

　　在伤亡如此惨重的汶川大地震中，据媒体报道：紧邻北川的四川安县桑枣中学，在这次汶川大地震中虽遭重灾，但全校2200多名学生、百余名教师逃生成功，无一伤亡，创造了生命的最大奇迹。当大地震突然到来时，全校师生按照平时消防演习的路线，迅速有序地撤离到操场，全校师生仅用1分36秒，以班级为组织站好，清点人数，一个不少，有条不紊，井然有序。这样的逃生速度真是难以想象的，应该叫"桑枣速度"！

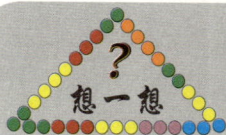

? 想一想　桑枣中学如何创造了奇迹？地震发生时，应该怎么做？

知识屋　　如果在上课的时候发生了地震，我们该怎样保护自己呢？　遇到地震时，一定要镇静，并就地躲避，坐在离门较近的学生可迅速从门窗逃离；大多数学生应就近躲在桌子下面，或在墙角处躲藏，逃出室外，即使大楼倒塌时也会有生存的空间。所采用的避震姿势为蹲下或坐下尽量弯曲身体，抓住桌腿等牢固物，保护头掩住口鼻，墙角处应脸朝墙角，形成三角空间。

防地震儿歌

遇震需冷静，就地躲藏好；
门边往外撤，里头桌底藏；
也可墙角靠，抱头曲身体；
正确防地震，我们能做到！

想一想

在操场或室外应该怎样避震？请问：以下哪种方式是不正确的？（　　　）

A.若在开阔地方，可原地不动，蹲下，注意保护头部

B.注意避开高大建筑物或危险物

C.发生地震时赶紧回到教室去

D.不要乱跑、乱挤，待地震过去后，再按老师的指挥行动

第五篇 家校互动

第一课　走进活动

合肥市梦园小学（东区）位于风景秀丽的大蜀山东麓、国家AA级小康住宅示范小区——梦园小区内，创建于2002年9月，是一所隶属于合肥高新技术产业开发区的公办小学。学校占地面积12500平方米，建筑面积7700平方米，拥有较为先进的教育教学设施。学校现有30个教学班，教职工63人，在校学生1500多人。

学校秉承"责任成就梦想"的办学理念，以"讲文明、懂礼仪、守纪律、重安全"为师生行为规范，以"学会知识、学会做人"为学风，积极倡导每一个孩子终生发展的自主责任感。通过实施"1+X"责任课程、美育活力课程、艺体特长化发展、家校互动等模式，逐步打造出"责任教育"的特色品牌。

在梦园小学，每年由家长组织开展或积极参与的活动就多达几百次，现在，就让我们一同走进这些活动吧！

一月

家长责任实践之元旦联欢会
会场布置

家校互动责任课堂之冬季
安全教育篇

二月

▲ 家长责任实践课堂走进
合肥蜀山地震台

◀ 疏导交通乐助人
梦小家长志愿者在行动

三月

"磨炼意志，提升品质"
研学旅行活动

一年级家长责任教育培训会

133

四月

"小手拉大手，我与家长比文明"活动

家长课堂之"碧玉青团祭英烈，民俗文化我传承"

五月

"卡宾西餐"杯校园足球联赛开赛

首届责任读书节之好书共享活动

师生与家长趣味足球运动会

"四走入 四改进"家访活动

六月

庆"六一"之家校互动联欢会

"感恩、责任、追梦 十周岁成长礼"活动

七月

学生安全教育家长会

八月

一年级新生家长培训会

九月

两校区第三次校级家委会会议

"小小灯笼寄深情"亲子灯笼DIY活动

十月

首届责任教育校园文化艺术节开幕

家长职业体验互动微课

十一月

家长责任课堂走进高新消防支队

家校互动微课堂之饮食习惯与健康

十二月

家长课堂：为孩子喝彩，让梦想飞翔

庆元旦家校互动"草地音乐节"

当然，梦园小学丰富多彩的家长活动可不止这么多！

妙趣横生的课堂知识，精彩纷呈的户外活动，还有学校为家长精心组织的培训交流活动……这些都让家长积极参与到孩子成长和学校建设之中。

家长们在一次次活动中发挥力量，为孩子的健康成长出谋划策，也在实践中了解梦园小学的责任教育理念，让孩子的教育得到了更专业、更科学的指引。就让我们共同努力，在学校与家庭之间搭建起一座沟通之桥，形成家校互动的教育合力！

家长手记：经常和孩子交流学校中的各类活动，了解孩子对这些活动的看法、是否愿意参与、参与之后的感受……把和孩子每一次的对话都记录下来，看看孩子在活动中的成长吧！

第二课　模式探讨

《国家中长期教育改革和发展规划纲要（2010—2020年）》在第四章"义务教育"中提出"发挥家庭教育在儿童少年成长过程中的重要作用。家长要树立正确的教育观念，掌握科学的教育方法，尊重子女的健康情趣，培养子女的良好习惯，加强与学校的沟通配合"。

全国各地教育行政部门明确要求义务教育阶段特别是小学阶段要加强家校沟通，构建家庭、学校、社会三位一体的立体化培养模式。

合肥市梦园小学秉承"责任成就梦想"的办学理念，以学生为本，积极探索家校互动创新模式。尤其是针对低年级学生，学校力推家校互动差异化教学，以班级为单元，邀请家长参与教学环节。家长根据孩子的自身特点和需要加强的方面，协调相关资源，走进教室，走出校园，丰富孩子们的特色教学。

家长责任课堂之趣味折纸

家长责任课之日常生活安全用电常识

家长责任课之别样美术课

家长责任课之交通安全宣传教育活动

家长责任课之我是小小西点师

家长责任课堂之养蚕实践活动

家长责任课堂之参观消防支队

家长责任课堂之走进合肥现代科技馆

家长责任课堂之"剪纸之花"
实践活动

家长责任课堂之足球训练课

　　责任教育从本质上说就是要培养孩子优秀公民的责任感和终生学习的责任意识，让孩子成为责任感的终生受益人。在此基础上，梦园小学率先垂范、积极探索责任课程的实施过程，成功打造三大特色课程，而家校互动即让家长明确责任所在。

　　在家校互动模式的实践过程中，家长、学校紧密配合，充分开发各类资源，成功开展了形式多样的校内课程和校外活动。

　　我们希望通过家长—学生—学校互动这一创新家校互动模式的实践与探索，对义务教育小学阶段家校互动内涵与外延的深层次实践与探究，结合本校以及本地区的实际情况，在分析义务教育小学阶段家校互动的基础上，提出构建适合本校及本区域内的家校互动这一创新的实践模式。

家长手记：对家校互动的模式，您有什么好的想法和创意？快快写下来，和孩子、老师们交流吧！

第三课　校内课程

　　看了有关家校互动的介绍，您是不是也怦然心动了呢？别急，下面就让梦园小学吉祥物之一的梦帝佳带领我们近距离了解家校互动之校内课程吧！

　　梦园小学丰富多样的家长校内课程涵盖了科学知识、传统文化、艺术创作、文明礼仪、安全常识、食品健康等，家长们还结合清明、中秋、端午等节日带领孩子们开展了颇具意义的活动。

　　看，一年级的家长正带领孩子们体验"可乐喷泉"！

　　学生家长张丹老师制作了精美的课件，精心设计了符合一年级学生特点的课堂活动，以"沸腾的可乐"为题，给学生讲解了二氧化碳的性质和用途。"可乐喷泉""葡萄汁变红酒""清水变牛奶""可乐灭火"这些有趣的实验现象引爆了学生们对化学世界探索的热情。

漫画、简笔画创作起来容易上手、形式多样、线条简单、生动活泼，可以充分发挥小朋友们的想象力，是小学生非常喜爱的绘画方式之一。

课堂上，高爸爸正在向大家介绍漫画、简笔画的基础技法、创作要领。这样的学习不仅丰富了孩子们的美术知识，拓展了视野，还提高了他们的绘画水平。

元宵节是我国重要的节日，传统的活动有吃汤圆、赏花灯、猜字谜等，这些都蕴涵着团圆甜蜜、吉祥幸福的内涵。

农历正月十五元宵节，梦园小学一（5）班的几位家长通过精心准备，带领孩子们开展了丰富多彩的庆元宵活动：让孩子们了解元宵节的由来、传说和习俗；在猜灯谜环节，孩子们踊跃发言，积极性很高；最热闹的环节当属制作汤圆了，在学

生家长的带领下，孩子们兴致勃勃、认认真真地自己动手做汤圆，一个个可真是有模有样呢。

为了让孩子从小养成孝敬父母、懂得感恩的品德，一（3）班家委会开展了"感恩母亲"主题活动。

瞧！孩子们用稚嫩的双手、满满的爱，给妈妈送上了一朵朵康乃馨，表达对妈妈深深的感激之情。

活动使孩子们树立了感恩之心，能够对父母的爱心存感激，知道如何孝敬父母、尊敬长辈。

"它们吃食的样子真有趣，有的从桑叶反面翘起头，弯成一个月牙……有的从另一片叶子上弯下腰来，好像一位彬彬有礼的绅士……它们吃出一个个小小的洞洞，好像在画地图……"

许贤元妈妈和一年级的孩子们讲述了许多养蚕的科学知识，让孩子们从一颗颗小小的蚕卵开始观察。每天摘新鲜的桑叶给蚕宝宝吃，小心翼翼地清理粪便，详细地记录下蚕宝宝的成长过程，发现更多的小秘密。

为弘扬科学精神，探索科技奥秘，一年级家长特地邀请了机器人培训专家吴挺讲师，为孩子们带来了一堂精彩的机器人科普课。

吴老师分别从机器人的起源，到机器人在音乐艺术、火灾救援、排爆、医疗救治等生产生活中的应用，做了绘声绘色的讲解。学生们通过分组动手制作360度全方位起重机、G9式战略坦克、环保智能垃圾分类机等机器人的实战大考验，把学习热情引向了高潮。

通过与机器人零距离的接触，孩子们领略了科技的魅力，也搭建了属于他们自己内心创意世界的新梦想。

了解了这些形式多样的家长责任课堂，大家都忍不住为梦园小学的家长们点赞呢！

孩子的成长离不开家人的陪伴。为孩子们创造更多认识世界的机会，并和他们一同成长，是爸爸妈妈们共同的心愿！

第四课　校外实践

校外实践，顾名思义，是家长利用各类资源，带领孩子们走出校园，在校外寻找有意义的地方，开展的各种活动和实践。下面，就让我们跟随梦园小学吉祥物贝吉娜的脚步，去看看这些异彩纷呈的校外实践吧！

"每一个孩子都是一张白纸，有无数种可能，我们需要的就是色彩绚烂的彩笔……"正如教育专家常说的一句话，孩子们多见一见，多听一听，就会播下成长的种子。带着这样一个初衷，梦园小学的孩子们在家长资源的整合下，走进了科学的世界——合肥现代科技馆。

等离子体是什么？人造小太阳是怎样的装置？激光怎样改变人们的生活？孩子们一想到科技就异常兴奋，太多的问题，经过互动活动都在这里都得到了答案！孩子们通过体验和聆听，在活动中学习到了科学知识，开阔了自己的视野，更激起了对科学的兴趣。

同学们变身"大厨"：换上围裙、戴上厨师帽……咦，他们在干吗呢？原来，一年级的孩子在家长的带领下，来到了某比萨店，他们要在这里开展

一次"我是小小西点师"的校外实践课。

大家认真聆听专业比萨师傅的介绍，还跟着比萨姐姐一步一步地制作属于自己的比萨：把面团摊开揉成饼状、松弛面饼、撒上芝士、放上培根和菠萝……经过十多分钟的烤制，香气扑鼻的比萨终于出炉啦！活动中，同学们和爸爸妈妈一起做了有趣的"前线支援"游戏，制作了祝福卡片，并写上了自己的美好祝福。

家长职业体验，听起来真不错！梦园小学的同学们就来到了合肥市某生产企业，进行了一次别开生面的家长职业体验互动课。

在生产厂区的现代化流水线上，通过与在这里工作的家长的互动问答以及讲解员的介绍，孩子们了解了洗衣机、电冰箱这些常见电器的生产流程，初步感知了现代化工厂的迅速发展，开阔了眼界，增长了见识，同时也体会到了劳动的艰辛。很多孩子为现代化大企业的运作方式所吸引，表示一定要好好学习，掌握更多的知识，

来成为对社会有用的创新人才。

为进一步加强小学生交通安全教育，提高学生在交通活动时的自我保护意识，在家长们的努力下，合肥市公安局交警某支队为一年级孩子们开展了以"关爱生命，安全出行"为主题的交通安全宣传教育活动。

活动中，孩子们观看了交通事故案例，认识了交通标识，交警叔叔把交通安全知识传授给大家，并特别提醒小学生过马路要看红绿灯、走斑马线。孩子们还戴上安全小黄帽，跟随交警亲身体验了如何观察交通信号灯、安全文明过马路。临别前，交警叔叔向孩子们分发了《交通安全手册》，倡导大家把交通安全知识带回家，和家长相互监督、约束，在保障自身交通安全的同时共同维护公共交通秩序。

这些可都是梦园小学校外活动的剪影呢！

其实，一年级的孩子们通过家长校外实践课，可以获得更多接触社会、感知社会的机会。在实践中，他们的谈话能力、思维能力、分析和解决问题的能力都得到了锻炼与提高。同时，通过家长和老师们的有效引导，也促进了孩子们的自我整理与反思。这都是课堂上难以学到的本领呀！

当然了，贝吉娜还有个温馨小提示，充满意义的校外实践要多多鼓励，在活动中，更要提醒孩子们注意安全，在健康快乐的环境中参与实践、快快成长！

家长手记：作为家长，我有哪些能力和方法，或者可以利用哪些资源为孩子们开展家长校内课程和校外实践？心动不如行动，赶快计划一下！

第五课　家长责任

中国的青年是我们的骨肉，我们的最爱，我们的一切。这一个理由就足够让我们共勉，让我们各自成为"我能成为最好的父母"。
　　　　　　　　　　—— 李开复

　　教育部印发的《关于加强家庭教育工作的指导意见》（以下简称《指导意见》）中指出，家庭教育需"明确家长责任""发挥学校作用""加强社会力量支持"，《指导意见》被解读为开展家庭教育工作的一项"国标"。

强调家庭教育作用　明确家长首要责任

　　家庭是社会的基本细胞，是孩子人生的第一所学校。家庭教育作用远高于学校教育，对孩子的成长具有决定性影响，这是国内外教育专家的一致共识。而事实上，家庭教育的重要作用以及父母在家庭教育中扮演的重要角色很容易被家长忽视。

　　很多家长将家庭教育理解为帮助孩子预习功课、辅导作业……事实上，加强家庭教育工作并不是将学校教育的工作延伸到家庭中去，而是将孩子成长阶段中家庭、学校以及其他社会力量的责任、义务进行有序分工。比如，教授知识是由学校老师负责，孩子的家风传承、习惯培养则更多是家庭中父母的责任。学校和家长联起手来、分工合作才可以为孩子的健康成长创造更有利的环境。

提升家长教育素质是关键

　　教育始于家庭，父母是孩子的第一任老师，孩子是家庭中的一个剪影。家庭教育有一个任何学校教育或其他教育不能替代的特点——血缘性。父母与子女之间这种亲密关系本身是家庭教育的前提和基础，父母的角色不可取代。

家庭生活中，父母的一言一行都在潜移默化地对孩子成长产生深刻影响。家长的行为示范、价值取向对于孩子而言都是一种无声的、长期的教育。因此，父母不仅要明确自己是孩子成长教育的第一责任人，同时还应努力提升素质，做好第一责任人。

教育素质实际上包括家庭教育的理念、方式及教育能力。家庭教育与父母的受教育程度、社会地位等没有必然联系，教育素质的提升才是家庭教育成功的关键。孩子是千差万别的，每个孩子都有可能成才、成功，但需要找到合适的成长环境和发展道路。

培养孩子良好的学习习惯和生活习惯

良好的人格教育应在孩子幼年时进行。从孩子会说话后，父母就开始有意识地进行正面引导，先从使用文明用语开始，然后循序渐进，到上小学时主要是培养孩子良好的学习习惯，其中包括上课专心听讲、主动完成作业、不依赖父母等。

如果发现孩子在学习上、生活上有什么不足之处，帮助其及时矫正，效果更好。经过小学阶段的培养，孩子养成勤奋学习、吃苦耐劳、认真主动做作业、不让父母为他学习操心的好习惯，可以为中学阶段繁重的学习任务打下坚实的基础。

对孩子进行成人教育

对孩子进行的成人教育，主要包括品德、人格、爱心、受挫能力等。通过讲述国内外有所建树的优秀人物的事迹，进行成才和理想教育。日久天长，能使孩子在父母的言传身教、潜移默化中学到很多做人的道理，有利于培养孩子成才必备的品质。

发挥爱的伟大力量

在孩子的成长过程中，父母给予孩子更多的是付出、宽容、理解、支持和鼓励。

有些孩子幼儿时期被送到乡下喂养，等长大后再接回父母身边。这时，父母发现孩子身上有了很多的问题。但是，孩子在农村长大，没有娇生惯养，也正是这样的环境，培养了孩子朴实的好品质。当然，如果发现孩子某些方面被宠坏了，父母应肯定孩子好的一面，对于孩子不良的行为和习惯应及时督促改正。

同时，父母应做好孩子的榜样。榜样的力量是无穷的，父母就是孩子的榜样，父母的人格魅力、敬业精神就是孩子无声的老师。一个人格平等的家庭，凡属家中的事，孩子都有权力和父母一道商量解决，家庭成员中哪个做得不对，孩子可以提出批评。家庭成员之间相互尊重，相互学习，父母既是孩子的家长又是孩子的知心朋友，还是倾听孩子喜怒哀乐的首选听众。

全面、正确地看待孩子的学习成绩

小学阶段，孩子的成绩日益受到重视。对于父母来说，不提过高、不切实际的要求，让孩子顺其自然地成长，能减少孩子很多压力。

一个孩子在一年级数学考试时得了86分，当天他就告诉了妈妈自己的分数。可是妈妈并没有生气，也没有责骂他，而是心平气和地问他："孩子，这类题目你认为是太难做，还是做题时粗心？"他回答说是粗心。妈妈微笑着说："如果你实在是不会做，说明平时的学习还不够扎实，要多努力了；如果你是粗心大意，以后就一定要改。"孩子听了妈妈的话，心里舒服多了，懂得要吸取教训。

教育孩子懂得尊重老师

有些孩子会因为种种理由跟家长说自己的老师不好，或者把自己成绩下降、表现不好的原因归咎于老师。其实，尊重老师首先是一种品质，孩子也会因尊重老师而认真对待学习，对于这些父母都应有充分的认识，同时把握好分寸。

家长如果在孩子面前说哪位老师的不好，孩子往往就不愿意再听这个老师的课了。因此，教育孩子尊重老师，其实就是帮助孩子自己，家长与老师相互配合，才能共同实现对孩子的良好教育。父母要告诉孩子，老师能够成为众多学生们的老师，一定具有许多值得学生学习的东西。

与孩子互相学习、共同提高

父母和孩子之间可以互相学习的地方有很多，从做人到学知识，都有许多可以探讨的空间。

孩子在学校里学到了新奇的知识，总喜欢说给父母听。

此时，父母一定要有耐心。比如，晚上在家吃饭、看电视的时候，其实也是和孩子进行沟通的时候。父母可以利用休息的时间多看书，把那些催人上进的人和事在散步时讲给孩子听。这样长期坚持，互相交流，孩子虽然学习紧张，也不是一味地只读圣贤书，同时，父母的知识也不会老化。

孩子是父母生命的延续，在培养孩子方面出了问题，是什么都无法弥补的。

父母应懂得将孩子的教育当作自己人生事业中的一个重要部分，要懂得对孩子负责！

家长手记：作为家长，我为孩子尽到了哪些责任？还有哪些地方做得不够？认真记录下来，每隔一段时间就反思一下自己的言行。这不仅是对孩子的成长负责，也能清楚地看到身为家长在孩子的教育与陪伴上的变化和进步。

第六课 资源助力

家庭是学校进行教育教学和实践活动的重要合作伙伴，家长与老师是孩子成长道路上不可或缺的引导者和帮助者，双方积极主动地相互了解、相互配合、相互支持，才能促进孩子身心的全面和谐发展。家长们不仅是各类活动的重要参与者，也是校内和校外课程有效进行的重要资源。

在梦园小学丰富多样的家长校内课程和校外实践中，家长充分发挥力量、开发资源，与孩子、教师共同学习、成长。家长们为各类活动献计献策，为活动提供物质上和精神上的帮助。家长的文化背景、兴趣爱好、个性素质等，也是课程实施中可利用的重要资源，家长的一些先进教育理念、良好的育儿经验同样可以影响教师及其他家长。

在各类家长责任课程的开展过程中，梦园小学从家长和孩子的角度出发，充分考虑家长们的教育经验、实践能力以及情感需求，鼓励家长为活动的顺利进行提供最大的帮助，让家长们真正成为孩子成长的主动参与者和陪伴者。

一、认识家长资源在主题探究活动中的意义

　　每位家长具有不同的职业、经历、爱好、特长，这是家长课程与实践中非常有价值的教育资源。家长要充分抓住契机，调动各类资源，发挥自身能力，在活动中拓宽孩子的视野，激发孩子对周围生活、事物的兴趣和关注，丰富孩子的社会生活经验，提高孩子的社会交往能力。

二、家长要在组织和参与中了解自身的价值

　　家长组织和参与校内课程和校外实践不仅是为班级、年级乃至学校提供各类资源和材料，更能够发挥自身的优势支持学校教育，弥补传统教育教学中的不足之处，陪伴更多的孩子一起学习和成长。

三、让家长、老师携手开展好活动

　　家长的文化水平及个性都存在着较大的差异，有些家长在课程和活动的开展中会遇到难题甚至觉得有心无力。此时，家长要多与老师沟通，老师们能够运用专业素质影响或支持家长的教育行为，转变家长的教育观念，协助家长开展好各类活动。

　　发挥好家庭在孩子成长教育中的作用，充分利用家长资源为孩子们提供更多学习与实践的机会，我们需要做的还有很多。最重要的是，在孩子的发展道路上，学校与家庭、老师与家长必须紧密配合，共同为孩子的进步和成长助力！

第七课 提升素质

近年来，随着小学生课业负担的加重，学生心理压力增大，伴随着体质的下降，不利于学生兴趣、特长的形成。梦园小学重视发展学生多方面的素质，在夯实日常学科教育的基础上，开展丰富多彩的实践活动，给学生搭建自由发展的平台，以此提高学生的学习兴趣，发挥学生的特长，锻炼学生各方面的能力，从而提高学生的综合素质。

那么，在形式多样的家长校内课程和校外实践中，又该如何提升孩子的综合素质呢？怎样让这些活动对孩子的成长起到最大的促进作用呢？

一、结合各类活动的特点，注重培养学生的实践能力

实践是认识的首要环节，人的个性形成和发展离不开各种生活实践和社会实践。学生只有在各类实践中获得多样的直接体验，才能使个性得到充分、健康、全面的发展。

校内课程和校外实践都强调实践。在校内课程中，学生通过听讲解、动脑筋，学习知识，完成一定的操作。而校外实践直接将学生带入真正的活动场地，注重培养孩子的实践能力。

家长应鼓励孩子以认真的态度对待这些活动，积极主动地参与实践，多思考、多提问，这样才能在活动中培养口语表达能力、人际交往能力、动手实践能力等。

二、结合活动的综合性特点，培养学生良好的品格

各类家长课程也强调道德情感教育，使学生在生动、活泼的自主活动中获得亲身体验，培养良好的品格、正确的道德观念。

学生不仅仅是学习者，也是展示者。他们在校内和校外活动中展现出的文明礼仪、卫生习惯、合作精神等，都是其素质的体现。家长除了关注孩子参与活动的收获，也要看到孩子在实践过程中展现出的风貌，对于良好的习惯品质等要表扬和鼓励，对于不足之处，更要对孩子进行提醒和教育，督促孩子改正。一次次的活动，既是孩子学习锻炼的机会，也是老师们了解、评价孩子的过程。

三、注意激发学生的学习兴趣、合作能力、收集资料的能力

校内和校外综合实践活动给学生提供了一个丰富多彩、广阔开放的空间。活动课程的内容广泛多样，活动方式也有很大的灵活性。这样的实践能够激发学生的兴趣，家长也应该充分尊重和鼓励孩子去探索发现。

无论是学习知识还是亲身实践，孩子都需要懂得与他人合作、乐于和他人分享，培养团队精神。而实践过程中以及活动结束后，家长也可以帮助和陪伴孩子记录点滴，回忆快乐的时刻，让他们体验成功的喜悦，增强信心。同时，孩子要学会反思自己的言行，争取更大的进步。

四、培养学生的探究能力以及对知识的运用和转化能力

家长校内课程和校外实践倡导自主、合作、探究性学习，有利于实施以创新精神和实践能力为重点的素质教育。

学生从被动的传授性学习走向主动的探究，通过自己观察、分析和处理信息来实际感受和体验知识的形成过程，进而了解社会，学会学习，在活动中培养分析问题、解决问题的能力。

家长也需要通过启发式的回顾与引导，让这些科学基础知识、处理信息的能力以及为人处世的道理和方法运用到孩子的日常学习和生活中，从而使孩子在充实多样的家长责任课程和活动中真正实现有所收获、有所提高。

第八课　共同成长

　　孩子成长的过程，亦是父母成长的过程。

　　为人父母，角色的转换从孩子睁开眼睛看世界的那一刻就悄悄开始了。和孩子一同成长，感受成长的喜怒哀乐，是上天赐予爸爸妈妈的机缘，每时每刻都值得欣慰。孩子的成长离不开父母的细心和耐心，孩子从一出生开始，父母就对他们倾注了全部的爱。小时候担心他们的身体健康，怕孩子吃不好、穿不暖，上学了就开始考虑孩子的教育问题了。

　　孩子成长的过程，也是学校教育教学的真实反映，是老师们传授科学知识与做人道理的过程。

　　学校以及老师每时每刻都希望提供最好的资源、携手更多的力量，让孩子在成才与成人之路上，接受合适的教育，获得最好的陪伴。

　　构建良好的家校互动形式，探索家校合作的新模式，有助于学校与家庭的沟通与配合，更是孩子成长道路上不可或缺的部分。

对孩子而言：

　　在近几年的家校互动探索过程中，通过多种形式的合作，我们在孩子们的身上看到了可喜的变化：许多孩子的个性转变了，学会关心别人了，交往能力提高了；许多孩子变得热爱学习、热爱劳动了；孩子们会锻炼身体，变得坚强了；更多的孩子变得知书达礼、善于交往了。他们相互学习、自我教育的意识开始生根发芽……

对家长而言：

家校互动尤其是各类校内和校外活动的开展，给予了家长更多关注自己孩子的机会，不仅增强了家长与孩子的亲子关系，也帮助家长学会怎样去了解自己的孩子，发现孩子的优势和不足。

家长的育子观念有了深刻变化，树立了科学的人才观和发展观。孩子个个都是人才，都能成才。家长对孩子的评价也更全面、更客观。

同时，家庭之间更加和谐了。在校内课程和校外实践的过程中，一个个相对独立的小家庭变成了大家庭，不仅孩子们有了玩伴，家长们也有了交流育儿经验的伙伴。大家的接触变了，人与人之间更亲切了，越来越多的家长学会了分享。

对学校而言：

家校互动避免了家长学校工作的千篇一律，不同的文化背景、爱好特长、个性品质的家长为孩子们带去了知识的洗礼和多彩的实践。学生之间取长补短，家庭间相互合作学习，家长们对学校工作更加理解和支持，彼此间的配合更为默契，为学校创造了良好的发展环境。

近年来，学校教学成绩稳步攀升，素质教育成果遍地开花，学校在社会上树立了口碑，家长满意度、学生满意度大大提高。学校近两年在省、市、区各类评比中获得校级荣誉近百项，梦园小学的老师和学生更是在各类比赛中屡创佳绩。

　　从目前家校互动的进程来看，我们已经取得了令人自豪的成绩，但也存在着一些问题。家长资源开发和利用还不够充分，学校和家长的互动还未完全建立合理、有效的运行机制，部分活动也都是短时的或零散的，缺乏系统性和长期性。

　　因此，在家校互动的实施过程中，我们还需要思考如何充分挖掘、开发家长资源，同时让家长了解学校的办学理念，更好地携手老师完成课程与活动的架构，并使优秀的教育理念以合适的方式渗透在孩子的学习与生活之中，有效地完善家校互动和合作教育，从而促进孩子情感态、度认知能力、实践技能等各个方面的和谐发展。

　　学校与家庭可以是亲人，体会彼此的心意；学校与家庭可以是朋友，提供真诚的帮助；学校与家庭可以是邻居，给孩子无间的守护。孩童是凡间的天使，父母师长是天使的翅膀，家校合作才能让孩子飞得更高！